los Cinco Cubanos

Quiénes son
Por qué les fabricaron un caso
Por qué deben ser liberados

DE LAS PÁGINAS DEL 'MILITANTE'

PATHFINDER
NUEVA YORK LONDRES MONTREAL SYDNEY

Editado por Martín Koppel y Mary-Alice Waters

ISBN 978-1-60488-042-7

Número de Control de la Biblioteca del Congreso
(Library of Congress Control Number) 2012946871

Impreso y hecho en Estados Unidos de América
Manufactured in the United States of America

Primera edición, 2012
Segunda edición, 2012
Segunda impresión, 2013

Diseño de la portada: Tom Tomasko
Foto de la portada de René González y foto
de la contraportada: Bill Hackwell

Foto de la contraportada: Concentración en La Habana reclama libertad de los cinco revolucionarios cubanos presos en Estados Unidos, Primero de Mayo de 2010.

Pathfinder
www.pathfinderpress.com
E-mail: pathfinder@pathfinderpress.com

Tabla de materias

---

* Las fechas se refieren a las ediciones del *Militante* en que aparecieron los artículos.

Nota introductoria

Esta nueva edición ampliada de *Los Cinco Cubanos: Quiénes son, por qué les fabricaron un caso, por qué deben ser liberados* es la segunda publicada en menos de un año. Ese hecho en sí es un indicio de la sed de tener más conocimiento que existe entre las personas alrededor del mundo que se van enterando de Gerardo Hernández, Ramón Labañino, Antonio Guerrero, Fernando González y René González y quieren unirse a la lucha para liberarlos. Además de las ediciones en inglés y español publicadas simultáneamente por la editorial Pathfinder, ya se están preparando traducciones en persa y francés. Estamos seguros de que les seguirán otros idiomas.

Gerardo, Ramón, Antonio, Fernando y René son cinco cubanos que en 1998 estaban viviendo y trabajando en el sur de Florida cuando fueron arrestados por el gobierno norteamericano en redadas coordinadas por la madrugada. William Clinton era entonces el presidente.

Les fabricaron un caso con cargos que incluían conspiración para cometer espionaje y, en el caso de Gerardo Hernández, conspiración para cometer asesinato. Más de dos años después, los cinco —quienes orgullosamente reconocieron que estaban trabajando para el gobierno cubano— fueron llevados a juicio en una corte federal en Miami y declarados culpables de todos los cargos. La jueza les impuso las máximas sentencias. Tres de ellos recibieron cadena perpetua sin posibilidad de libertad condicional.

El 12 de septiembre de 2012, cada uno de los cinco comenzó su decimoquinto año bajo custodia federal en Estados Unidos. Para Gerardo, Ramón y Antonio esos años los han pasado mayormente bajo condiciones duras en penitenciarías de máxima seguridad. Gerardo Hernández, sentenciado a dos cadenas perpetuas que el tribunal generosamente le permitió cumplir de forma simultánea, y René González, quien ahora se encuentra bajo libertad condicional, han enfrentado encima de esto un castigo brutal y arbitrario. A lo largo de su encarcelamiento el gobierno norteamericano ha rehusado concederles visas a sus esposas, Adriana Pérez y Olga Salanueva, para entrar a Estados Unidos a visitarlos.

¿Cuáles eran las supuestas actividades criminales de los Cinco?

Hicieron una labor de infiltración de organizaciones paramilitares y otros grupos contrarrevolucionarios cubanoamericanos que tienen un historial de cinco décadas de planificar y ejecutar ataques dinamiteros, asesinatos y otros atentados contra cubanos y otros partidarios de la Revolución Cubana, tanto en la isla como en Estados Unidos (sí, dentro de Estados Unidos), Puerto Rico y otros países. Su tarea era de mantener informado al gobierno cubano de estos mortíferos operativos para prevenir que se materializara el mayor número posible de estos.

Los Cinco Cubanos: Quiénes son, por qué les fabricaron un caso, por qué deben ser liberados narra esta historia de la forma más completa posible. Los artículos que se reproducen aquí, junto con decenas de fotos y otras presentaciones gráficas, se escogieron a partir de casi 200 reportajes y artículos sobre los Cinco Cubanos que se han publicado en los últimos 14 años en las páginas del *Militante*, semanario socialista editado en Nueva York.

Ante todo el libro tiene tres objetivos.

El primero es explicar por qué "el caso de los Cinco Cubanos" es en realidad "el caso de la Revolución Cubana". ¿Por qué el gobierno de Estados Unidos odia y teme tanto a los hombres y mujeres que hicieron la Revolución Cubana y a las nuevas generaciones que hoy día se suman a sus filas para defenderla y luchar para impulsarla? ¿Por qué mantienen como rehenes a estos cinco —todos productos ejemplares de esa revolución— ante la negativa del pueblo cubano de renunciar a su trayectoria socialista y arrodillarse ante Washington?

El segundo fin es ayudar al pueblo trabajador y a los jóvenes en Estados Unidos a que reconozcan la red común de intereses de clase que vincula la "justicia" impuesta a los Cinco por la policía y los tribunales estadounidenses con sus propias experiencias a manos de ese mismo sistema de "justicia". Especialmente cuando resistimos, cuando nos negamos a simplemente someternos a la explotación más y más brutal que nos impone un sistema capitalista en creciente crisis, cuando decimos "¡basta!" y asumimos la lucha, sin importar las probabilidades.

Estados Unidos tiene un mayor porcentaje de su población entre rejas que cualquier otro país del mundo. Para la clase gobernante estadounidense esta no es una opción sino un requisito para mantener su dominio en este país y a nivel global. Gerardo, Ramón, Antonio y Fernando hoy día se encuentran entre los 2.3 millones de hombres y mujeres en las prisiones estadounidenses, y entre los casi 5 millones que, como René, se encuentran bajo alguna forma de libertad provisional, condicional, o supervisada. Se encuentran, no por elección propia, entre las primeras filas de la lucha de clases en Estados Unidos. Y los trabajadores en Estados Unidos que en números crecientes sí están hallando formas de resistir descubren en ellos un digno ejemplo.

El tercer objetivo es brindar información que ayudará a todos los que participan en esta lucha a nivel mundial. La nueva edición incluye por primera vez no solo una presentación del libro que se hizo en la Feria Internacional del Libro de La Habana en febrero de 2012, sino varios artículos recientes del *Militante* que continúan aumentando nuestra apreciación del carácter y calibre revolucionario de cada uno de los Cinco Cubanos, como también de miembros de sus familias.

También se ha agregado varios elementos especiales. Entre estos hay una cronología política sobre el caso de los Cinco, un resumen de las acusaciones por las que fueron declarados culpables y la sentencia que cada uno recibió, y extractos de las opiniones de jueces del tribunal federal de apelaciones que revisaron el proceso judicial y que habrían revocado las declaraciones de culpabilidad si sus decisiones se hubieran mantenido. También se incluye una lista de algunos entre los miles de organizaciones, instituciones e individuos en Estados Unidos y otras partes del mundo que han expresado su apoyo a la lucha por la libertad de los Cinco, así como declaraciones de algunos de los más destacados entre ellos.

Cabe dar reconocimiento por estas contribuciones a individuos y organizaciones en diferentes partes del mundo —desde Indonesia hasta Irán, Francia y Estados Unidos— que insistentemente nos han pedido más información y materiales para ayudarles a entender y presentar el caso a otras personas que recién se están enterando de los Cinco Cubanos y están llegando a apoyarlos.

Estas solicitudes motivaron la preparación de respuestas de una forma que resultara útil para todos los que participan en esta campaña mundial, incluidos los 350 comités en 114 países, y los miles de individuos y centenares de organizaciones políticas, que trabajan para desarrollar lo que Gerardo Hernández con mucha razón describió como el "jurado de millones que dará a conocer nuestra verdad".

Mary-Alice Waters
Martín Koppel
15 DE SEPTIEMBRE DE 2012

‘UN DÍA MI CAMISA DE PRESO TAMBIÉN SE QUEDARÁ COLGADA’

Presentación en La Habana de ‘Los Cinco Cubanos’

Por Mary-Alice Waters

Los Cinco Cubanos: Quiénes son, por qué les fabricaron un caso, por qué deben ser liberados fue presentado en la Feria Internacional del Libro de La Habana el 18 de febrero de 2012. En el lanzamiento hablaron Kenia Serrano, presidenta del Instituto Cubano de Amistad con los Pueblos (ICAP), que ha dirigido la lucha internacional para liberar a los Cinco Cubanos, y Mary-Alice Waters, presidenta de la editorial Pathfinder y una de los autores y editores del libro.

El programa incluyó lecturas de poesía dedicadas a los Cinco por dos de los poetas más conocidos de Cuba, Pablo Armando Fernández y Edel Morales, vicepresidente del Instituto Cubano del Libro. El evento se celebró en una sala en la histórica fortaleza de La Cabaña, situada a la entrada de la Bahía de La Habana. El público estaba rodeado de una muestra de las llamativas acuarelas de mariposas pintadas por Antonio Guerrero, uno de los Cinco Héroes, para el Museo de Historia Natural de La Habana.

En las primeras filas del público había miembros de las familias de los cinco revolucionarios: María Eugenia Guerrero, hermana de Antonio, y Adriana Pérez, Olga Salanueva y Rosa Aurora Freijanes, esposas de Gerardo Hernández, René González y Fernando González, respectivamente. En un homenaje especial a estas mujeres, Serrano las llamó “Marianas todas”, recordando el inquebrantable valor y firmeza de Mariana Grajales, una de los grandes independentistas de Cuba en su lucha contra el dominio colonial español en el siglo 19.

A continuación aparece la presentación de Mary-Alice Waters.

❧

A nombre de la editorial Pathfinder, doy la bienvenida a todos, especialmente a Kenia Serrano, presidenta del Instituto Cubano de Amistad con los Pueblos, y a los miembros de las familias de Gerardo, Ramón, Antonio, Fernando y René que nos acompañan hoy.

Es un placer poder hacer la presentación de este libro hoy, rodeados de esta impresionante galería de pinturas de Antonio, y acompañados de la música en palabras de Pablo Armando Fernández y Edel Morales.

❧

Los Cinco Cubanos es una selección de artículos de las páginas del *Militante*, “un semanario socialista publicado en defensa de los intereses del pueblo trabajador”, según se afirma con orgullo en el membrete. Con páginas publicadas en inglés y en español cada semana, el *Militante* se difunde y se lee no solo en Estados Unidos, Canadá, el Reino Unido, Australia y Nueva Zelanda, sino en otros

MAURA DELUCA/MILITANTE

Presentación de *Los Cinco Cubanos* en Feria Internacional del Libro de La Habana, febrero de 2012. De la izquierda: Mary-Alice Waters; Kenia Serrano, presidenta del Instituto Cubano de Amistad con los Pueblos; y el poeta Edel Morales, vicepresidente del Instituto Cubano del Libro.

países por todo el mundo.

Esta selección, tomada de casi 200 artículos que han aparecido en el *Militante* a través de los años de la lucha para liberar a los cinco combatientes, no pretende ser un libro definitivo. No intenta cubrir todo lo importante de la batalla sobre múltiples frentes para lograr la libertad de nuestros compañeros. Se publica con la esperanza de que se utilice como una de las muchas armas en esa batalla. Escogimos este formato porque es fácil de producir nuevas ediciones, modificando el contenido según las necesidades: informando sobre nuevos hechos, eliminando artículos superados, incorporando nuevas fotos y declaraciones de apoyo.

Nuestra promesa es de seguir actualizando la selección, *por el tiempo que sea necesario.* Y cuando ya no sea necesario, ¡publicaremos una nueva edición de *Los Cinco Cubanos* con una introducción sobre la victoria!

El objetivo de este libro es dotar a los que lo lean de conocimiento de la clase de seres humanos que son Gerardo, Ramón, Antonio, Fernando y René. El objetivo es permitirle al pueblo trabajador en todo el mundo, y especialmente en Estados Unidos, comprender lo que de otra manera parece inexplicable:

¿Por qué, a pesar de toda la evidencia al contrario, declararon culpables a nuestros cinco compañeros de conspiración para cometer espionaje contra el gobierno norteamericano, y en el caso de Gerardo, hasta de conspiración para cometer asesinato? ¿Por qué los encerraron en prisiones norteamericanas con sentencias de hasta doble cadena perpetua más 15 años?

Nuestro objetivo es permitir que los que lean el libro puedan vincular esta pesadilla a nuestras propias experiencias como trabajadores que sencillamente rehusamos renunciar a nuestros derechos, a nuestra dignidad y al futuro por el que estamos luchando.

Nuestro meta es permitir que una pequeña pero creciente vanguardia de trabajadores combativos —y de jóvenes atraídos a sus luchas— entiendan por qué la lucha por la libertad de los Cinco Cubanos es *nuestra* batalla, parte de la lucha de clases en Estados Unidos así como a nivel internacional.

Si hay una cosa que yo espero que ustedes se lleven de este encuentro es nuestra convicción de que la lucha por el regreso de nuestros cinco hermanos cubanos *se ganará*, no por la buena voluntad de Barack Obama (o de cualquier otro presidente nombrado por un partido del imperio imperialista) sino por las cosas que hoy día están cambiando en el mundo: la creciente resistencia del pueblo trabajador en Estados Unidos y a nivel mundial ante las consecuencias *para nosotros* de la crisis capitalista, una crisis que se profundiza y que apenas está en sus primeros años. Desde las calles de Grecia y España hasta fábricas en todas partes de Estados Unidos, no somos nosotros los que iniciamos las luchas. Son los patrones y su aparato de estado los que nos imponen esas batallas.

Pero más y más, el pueblo trabajador en Estados Unidos —igual que ha respondido muchas veces el pueblo cubano— está empezando a decir "¡Basta!" En los meses y años venideros de la crisis capitalista mundial, más se van a parar y van a luchar. Está en juego nuestra propia dignidad como seres humanos libres.

"Explicar lo que de otra manera parece inexplicable" comienza con la propia Revolución Cubana. ¿Por qué cada uno de los Cinco aceptó la misión peligrosa que se le planteó: de vivir y trabajar en Estados Unidos, recogiendo inteligencia sobre Hermanos al Rescate y otros grupos contrarrevolucionarios, algunos de ellos organizados en unidades paramilitares que operan abiertamente en el sur de Florida con el conocimiento, si no la complicidad, de Washington? ¿Por qué cada uno de nuestros compañeros afirmó con orgullo ante el tribunal que, si le pidieran aceptar esa tarea de nuevo, lo harían sin titubear?

Su trabajo empezó muchos años antes de las provocaciones de Hermanos al Rescate que culminaron con el derribo de dos de los aviones de ese grupo en febrero de 1996 en el espacio aéreo cubano, y que llevaron al caso fabricado contra Gerardo por conspiración para cometer asesinato. Sin embargo, esa historia es el mejor ejemplo de la apremiante necesidad de la misión que ellos asumieron.

Haciéndose pasar de operación "humanitaria" para salvar a cubanos que intentaban cruzar el Estrecho de Florida en embarcaciones precarias, los pilotos de Hermanos al Rescate —incluido su dirigente entrenado por la CIA, José Basulto— violaron repetidamente el espacio aéreo cubano. Los jefes del grupo lo hicieron sabiendo perfectamente que Cuba, como cualquier país soberano, defendería a su pueblo y su territorio.

El propósito era evidente: precipitar una acción militar cubana contra aviones civiles invasores —piloteados por ciudadanos norteamericanos, y que despegaran de pistas en Estados Unidos— con la esperanza de provocar represalias militares de Washington. El gobierno cubano logró impedir que se desarrollara esa sucesión de hechos, pero la administración Clinton estaba empeñada en encontrar una manera de hacer que el pueblo cubano pagara un elevado precio. Y lo hizo.

No fue solo el fuerte recrudecimiento de la guerra económica, librada durante décadas, que se codificó con la Ley Helms-Burton. Fue el arresto, el caso amañado, la declaración de culpabilidad y las sentencias draconianas que les impusieron a estos cinco destacados ejemplos de los hombres y mujeres que una auténtica revolución socialista hizo posible.

Sin esta perspectiva histórica más amplia sobre los objetivos de Washington, es difícil que el pueblo trabajador y los jóvenes en Estados Unidos puedan entender por qué los Cinco están presos, por qué las peticiones humanitarias caen en oídos sordos, y por qué la lucha por liberarlos es ante todo una lucha *política* en defensa de la Revolución Cubana. Solo con esa amplitud histórica podrán empezar a apreciar la talla de estos cinco revolucionarios e identificarse con ellos como el tipo de combatientes que ellos mismos aspiran a ser.

❧

Gerardo, Ramón, Antonio, Fernando y René —al igual que sus esposas, madres y todos sus seres queridos— no actúan como víctimas, y mucho menos como sufridos mártires clavados a una cruz. Actúan como los internacionalistas proletarios que son, como combatientes revolucionarios que ocupan su posición en las primeras filas de batalla, donde sea que se encuentren. Y por eso Washington los odia tanto.

Como bien saben muchos de ustedes, en las prisiones de Estados Unidos están encerrados unos 2.3 millones de hombres y mujeres. Es el país donde los presos son un mayor porcentaje de la población que en cualquier otro país del mundo. En su gran mayoría son trabajadores o agricultores que fueron llevados a la cárcel sin juicio en casos fabricados, tras ser presionados para que se declararan culpables de algún delito "menor" que no cometieron. Este atropello —que constituye *el 97*

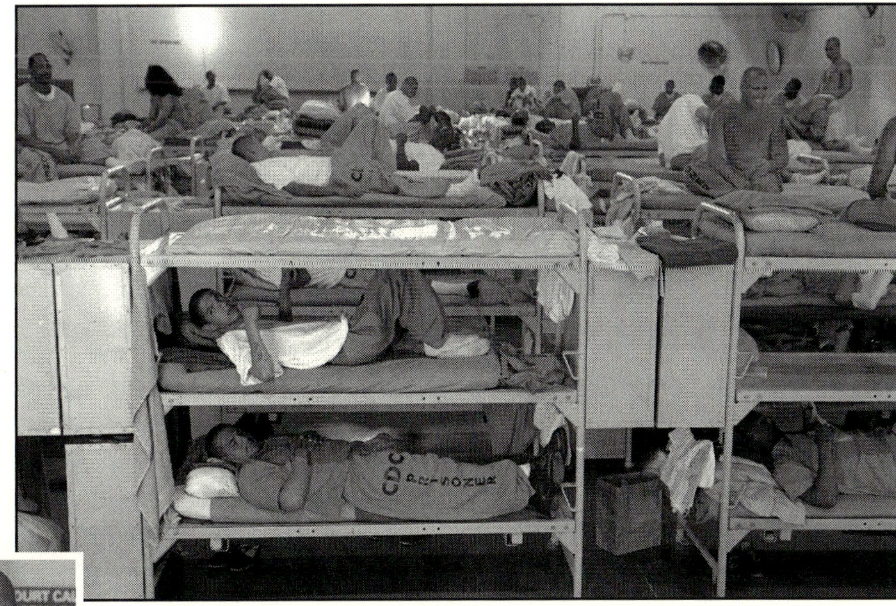

"En las prisiones estadounidenses hay unos 2.3 millones de hombres y mujeres, en su gran mayoría trabajadores, presos sin juicio en casos fabricados al ser presionados a declararse culpables de un cargo 'menor' que no cometieron", dijo Waters. **Arriba:** Prisión estatal de California en Los Ángeles, agosto de 2006. **Izquierda:** Vincent Thames (centro) y Terrill Swift (derecha) salen de corte en Chicago, noviembre de 2011; un juez ordenó nuevo juicio por cargos de violación y asesinato a los que ellos y otros dos "confesaron" bajo presión de la policía. Pasaron 15 años entre rejas.

por ciento de todas las condenas federales— se denomina delicadamente una "sentencia negociada" (*plea bargain*).

En Estados Unidos fue necesario librar una década de guerra civil seguida por una lucha revolucionaria para que el pueblo trabajador, en el siglo 19, conquistara la Enmienda 14 a la Constitución norteamericana, la cual afirma el derecho a la "igual protección de las leyes". Será necesaria otra revolución en Estados Unidos, dirigida por la clase trabajadora y sus aliados, para convertir ese derecho constitucional en una realidad para el pueblo trabajador.

Entre la clase trabajadora y especialmente entre los africano-americanos y otros pueblos oprimidos, es difícil encontrar una familia que no tenga algún pariente que esté o haya estado preso, o que no conozca a alguien —entre sus amigos, conocidos u otros trabajadores— que esté cumpliendo o haya cumplido una condena, o que actualmente esté bajo libertad provisional o condicional y esté siendo vigilado cuidadosamente.

Los casos fabricados contra trabajadores siempre han sido una parte integral del sistema de dominio de clase en Estados Unidos. Lo que les hicieron a los Cinco es algo que le resulta muy familiar a la enorme mayoría del pueblo trabajador en Estados Unidos. Es una de las razones por las que, una vez que van conociendo los hechos, los trabajadores se identifican con Gerardo, Ramón, Antonio, Fernando y René y los respetan.

Conocemos de primera mano el tipo de trabajo político que ha realizado cada uno de los cinco en la prisión. Lo sabemos no solo por lo que ellos mismos describen en sus cartas, sino por las solicitudes no infrecuentes que hacen presos con quienes se han cruzado los compañeros: solicitudes de suscripciones al *Militante* y de libros de Pathfinder. Tanto el *Militante* como Pathfinder desde hace mucho tiempo ofrecen tarifas especiales reducidas para los presos.

Una de estas solicitudes recientes fue de un reo que pedía un ejemplar del libro *Che Guevara habla a la juventud*. Dijo que había visto un ejemplar de *Los Cinco Cubanos* y estaba impresionado porque él conocía a uno de ellos, Antonio. "Él y yo hemos debatido diferentes temas acerca del mundo que todos compartimos", escribió el preso. "La ayuda que ustedes brindan a su lucha la apreciamos, tanto yo como personas en todas partes del mundo".

CENTRO SCHOMBURG/BIBLIOTECA PÚBLICA DE NUEVA YORK

"En Estados Unidos fue necesario librar una década de guerra civil y lucha revolucionaria para que el pueblo trabajador conquistara la Enmienda 14 a la Constitución norteamericana, la cual afirma el derecho a la 'igual protección de las leyes'. Será necesaria otra revolución, dirigida por la clase trabajadora y sus aliados, para convertir ese derecho constitucional en realidad para el pueblo trabajador", dijo Waters. **Arriba:** Tras la Guerra Civil, negros recién emancipados en el condado Lincoln, Georgia, cruzan arroyo rumbo a las urnas con el fusil en la mano".

¿Por qué tenemos confianza en que juntos ganaremos la batalla por la liberación de nuestros cinco compañeros?

La crisis económica capitalista que estalló con tanta violencia en 2008 está teniendo consecuencias de gran alcance para la clase trabajadora en Estados Unidos. El impacto de los altos niveles de desempleo a largo plazo, de los millones de familias que han perdido sus hogares, su cuidado médico, sus pensiones, sus ahorros y las esperanzas para el futuro: el impacto de todo esto no ha dejado de ser devastador.

Para millones de trabajadores que finalmente encuentran empleo, por lo general es con salarios que son una fracción de lo que habían ganado antes. Otros —que también suman millones y van en aumento— sencillamente han dejado de buscar trabajo, y ahora el gobierno ni los cuenta como parte de la fuerza laboral. Ni siquiera están incluidos en las cifras mensuales de desempleo que el gobierno usa más comúnmente.

La intensificación brutal del trabajo, la prolongación de las jornadas laborales, junto con los recortes salariales, especialmente para los nuevos empleados, les ha dado a los patrones un sabor a sangre. En una fábrica tras otra, los dueños están exigiendo nuevas concesiones en materia de salarios y condiciones de trabajo, y después imponen un *lockout*, un cierre patronal, a los trabajadores que rehúsan aceptar las nuevas condiciones "contractuales".

DAWN DES BRISAY

"Al atravesar sus propias batallas, aprenden de primera mano cómo la policía y los tribunales están predispuestos en contra de los que se niegan a aceptar las condiciones que nos impone el capitalismo. Y ante todo, cómo usan a la policía y las cortes contra los que no pueden doblegar", dijo Waters. "Estos militantes llegan a admirar a los cinco combatientes cubanos, y llegarán a emular su voluntad y valentía". **Arriba:** Puerto de Longview, estado de Washington, septiembre de 2011. Policía ataca a obreros portuarios en protesta contra intentos de los patrones de excluir al sindicato de la terminal de granos.

Esto no refleja una *opción* escogida por los capitalistas estadounidenses. Más bien, es el camino que *necesitan* impulsar si han de recuperarse de la crisis que fue producida por su sistema, no por los trabajadores. Salarios más bajos; dos o más "niveles" de trabajadores que realizan el mismo trabajo junto a otros pero con sueldos y condiciones drásticamente diferentes; un creciente ejército de reserva de trabajadores desempleados; sindicatos que ya no pueden defender sus propios convenios, mucho menos actuar como tribunas de los oprimidos y explotados; un creciente número de desamparados; el encarcelamiento en gran escala de trabajadores jóvenes enojados, especialmente africano-americanos: todas estas son *precondiciones necesarias* para una recuperación capitalista.

Ustedes han oído mucho acerca de las actividades que se han dado bajo el nombre de "Ocupar Wall Street" o de "Ocupar" otro lugar. Pero, a menos que ustedes sean lectores del *Militante*, probablemente no estarán enterados de la amplitud de la resistencia obrera en Estados Unidos.

Los Cinco Cubanos no son el único tema que no cubren los medios de comunicación burgueses. Pero el silencio no es una conspiración. Ellos no tienen necesidad de conspirar. Nadie les tiene que decir que ellos no se benefician cuando los trabajadores se enteran de los ejemplos de otros que están resistiendo las condiciones que les imponen.

Sin embargo, lo que está ocurriendo en el transcurso de estas batallas obreras tendrá consecuencias mucho más perdurables que las expresiones de descontento que se han manifestado con el fenómeno *Occupy*. Ante todo, es importante porque los trabajadores de vanguardia están aprendiendo unos de otros, y se están tendiendo unos a otros una mano solidaria que cruza industrias, regiones y fronteras nacionales.

Desde los trabajadores del azúcar de remolacha en el norte de Minnesota y Dakota del Norte, no muy lejos de la frontera canadiense, hasta los trabajadores de la goma en Ohio, los trabajadores que protestan contra leyes antiinmigrantes en Alabama y los obreros portuarios del estado de Washington, en la Costa del Pacífico, las batallas obreras adquieren una intensidad y agudeza que no se había visto en Estados Unidos desde hace mucho tiempo.*

Apenas en las últimas semanas, durante un enfrentamiento con los estibadores en Longview, Washington, la administración Obama mandó a la Guardia Costera a escoltar un barco y protegerlo cuando fuera cargado con la mano de obra de rompehuelgas. A último momento se evitó un enfrentamiento más grave cuando se logró un acuerdo que restauró la protección sindical para los obreros portuarios en una importante empresa en esos muelles.

Sin embargo, durante esa confrontación, más de 200 obreros portuarios fueron arrestados y acusados de diversos delitos graves, por los cuales algunos obreros aún enfrentan costosas batallas judiciales y la posibilidad de largas condenas de cárcel si los declaran culpables.

Es en frentes de batalla como estos donde vendemos *Los Cinco Cubanos*. Es ahí donde decenas de trabajadores con suscripciones al *Militante* —el periódico donde se publicaron estos artículos por primera vez— no solo están leyendo acerca de sí mismos y de sus batallas. Están leyendo acerca de Gerardo, Ramón, Antonio, Fernando y René semana tras semana. Al atravesar sus propias batallas, aprenden rápidamente y de primera mano cómo la policía y los tribunales están predispuestos en contra de los que luchan, los que resisten, los que se niegan a aceptar las condiciones que nos impone el capitalismo. Y ante todo, cómo usan a la policía y las cortes contra aquellos que no pueden doblegar. Estos militantes llegan a comprender y admirar a los cinco combatientes cubanos, y en el transcurso de las batallas venideras llegarán a emular su voluntad y valentía.

❧

Al tiempo que se intensificaba la batalla de los obreros portuarios, el sindicato de maestros y unos estudiantes de una de las universidades en la ciudad cercana de Seattle organizaron una exposición de las pinturas de Antonio, como las que nos rodean aquí. Una obrera portuaria, que había sido arrestada durante una actividad organizada

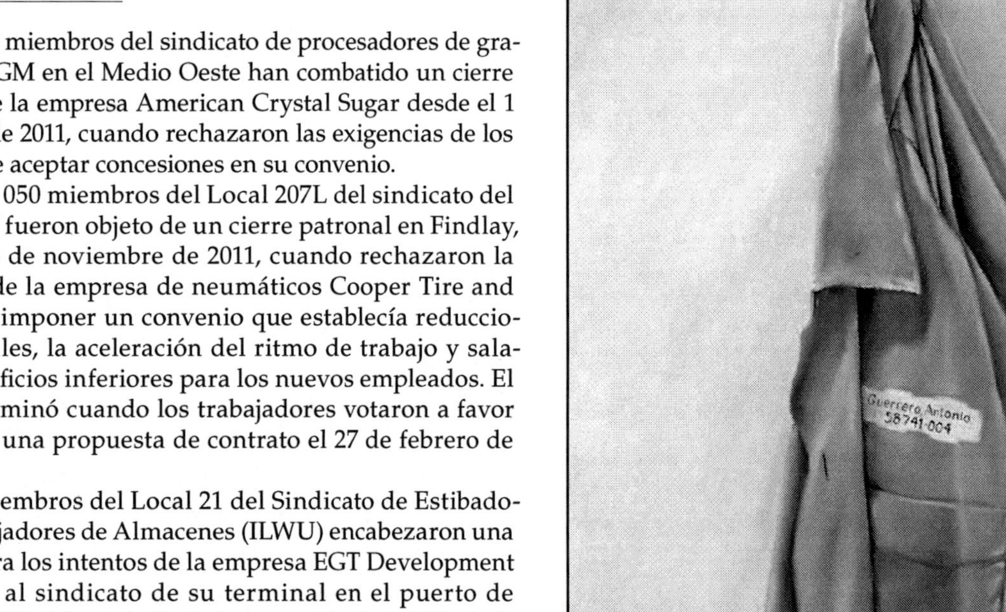

Obra de Antonio Guerrero

* Unos 1300 miembros del sindicato de procesadores de granos BCTWGM en el Medio Oeste han combatido un cierre patronal de la empresa American Crystal Sugar desde el 1 de agosto de 2011, cuando rechazaron las exigencias de los patrones de aceptar concesiones en su convenio.

Unos 1050 miembros del Local 207L del sindicato del acero USW fueron objeto de un cierre patronal en Findlay, Ohio, el 28 de noviembre de 2011, cuando rechazaron la demanda de la empresa de neumáticos Cooper Tire and Rubber de imponer un convenio que establecía reducciones salariales, la aceleración del ritmo de trabajo y salarios y beneficios inferiores para los nuevos empleados. El lockout terminó cuando los trabajadores votaron a favor de aceptar una propuesta de contrato el 27 de febrero de 2012.

Los miembros del Local 21 del Sindicato de Estibadores y Trabajadores de Almacenes (ILWU) encabezaron una lucha contra los intentos de la empresa EGT Development de excluir al sindicato de su terminal en el puerto de Longview, Washington. De haber vencido, la EGT habría sentado un precedente al imponer la primera terminal de granos en la costa del Pacífico sin trabajadores del ILWU en ocho décadas. Tras ocho meses de lucha, la EGT cedió y aceptó contratar a trabajadores organizados por el ILWU.

por el sindicato y que enfrentaba cargos amañados de delitos graves, vio una tarjeta promocional para la exposición de Seattle, una tarjeta que reproducía el cuadro que pintó Antonio de su camisa de preso. La respuesta de esta obrera, con un poco de inquietud tapada por decisión y orgullo, fue: "Un día mi camisa de preso también se quedará colgada".

Desde los obreros portuarios hasta los azucareros y más allá, estos son los hombres y las mujeres que, en números crecientes, van a engrosar las filas de lo que Gerardo acertadamente llamó el "jurado de millones" que los van a liberar. Es por este camino —donde las batallas de clases se van intensificando por las operaciones del propio sistema capitalista— que se ganará su libertad.

Eso es lo que nos da confianza a los que estamos luchando dentro de Estados Unidos para liberar a los Cinco.

Por eso es tan importante la publicación de *Los Cinco Cubanos* y la manera en que se usará alrededor del mundo.

19 DE MARZO DE 2012

CRONOLOGÍA DEL CASO DE LOS CINCO CUBANOS

1 de enero de 1959: Cae dictadura de Batista, apoyada por Washington, ante extensión de insurrección popular por el país, encabezada por victorias del Ejército Rebelde y la dirección del Movimiento 26 de Julio bajo Fidel Castro. Los trabajadores y campesinos empiezan a transformar la sociedad cubana y sus bases económicas a favor de sus intereses, al transformarse el propio gobierno revolucionario.

Enero de 1959–presente: Washington desde el principio organiza intentos de frenar impulso de las movilizaciones populares y derrocar al nuevo gobierno. Entre sus principales instrumentos hay grupos armados contrarrevolucionarios organizados y financiados por grandes propietarios y ex esbirros de Batista que pretenden recuperar sus privilegios perdidos. Concentrados en el sur de Florida, estos grupos, crecientemente adiestrados y organizados por la CIA, operan impunemente en territorio estadounidense. A lo largo de cinco décadas, mueren casi 3 500 y son heridos 2 100 cubanos en atentados, mayormente iniciados en Estados Unidos.

1975–91: Siguiendo el internacionalismo antiimperialista de la Revolución Cubana de muchas décadas, más de 375 mil cubanos, incluidos los mejores de las generaciones post-1959, se prestan como voluntarios a combatir en Angola, ayudando al nuevo gobierno independiente a derrotar invasiones del régimen supremacista blanco de Sudáfrica. Entre ellos están René González (1977–79), Fernando González (1987–89) y Gerardo Hernández (1989–90).

1989–91: El derrumbe de los regímenes del bloque soviético lleva al colapso abrupto del 85 por ciento del comercio exterior de Cuba, precipitando severa crisis económica, el llamado Período Especial. La política económica de Washington estimula a muchos cubanos golpeados por extremas dificultades a tratar de alcanzar la costa de Florida en precarias embarcaciones. Grupos contrarrevolucionarios con base en Estados Unidos, convencidos de que el gobierno revolucionario en La Habana está por caer, intensifican operaciones.

Diciembre de 1990 en adelante: René González (1990), Ramón Labañino (1992), Antonio Guerrero (1992), Gerardo Hernández (1994) y Fernando González (1997) inician misión de recolección de inteligencia en Florida para informar a autoridades cubanas sobre provocaciones y ataques violentos planificados por grupos contrarrevolucionarios cubanoamericanos contra cubanos y partidarios de la revolución en Cuba, Estados Unidos y otros países.

Mayo de 1991: José Basulto, ex agente entrenado por la CIA, funda grupo Hermanos al Rescate en Miami, presentándolo como operativo "humanitario" para rescatar a "balseros".

Mediados de 1994–febrero de 1996: Acuerdos migratorios Cuba–Estados Unidos llevan a reducción del número de personas que intentan cruzar el Estrecho de Florida. Hermanos al Rescate aumenta vuelos que penetran el espacio aéreo cubano. Pretenden provocar acción militar de La Habana contra aviones civiles norteamericanos sin armas y piloteados por ciudadanos estadounidenses, a fin de precipitar represalias militares de Washington. La Habana advierte repetidamente a Hermanos al Rescate y a Washington que defenderá su territorio y espacio aéreo contra las continuas violaciones.

24 de febrero de 1996: En la violación número 26 en 20 meses, tres avionetas de Hermanos al Rescate vuelan una vez más dentro del espacio aéreo cubano y rehusan acatar advertencias de que regresen. Dos de ellos son derribados por la fuerza aérea cubana. Mueren cuatro pilotos. Tres son ciudadanos estadounidenses, uno es residente permanente. La avioneta de Basulto se escapa. Cesan las provocaciones de Hermanos al Rescate en el espacio aéreo cubano.

12 de marzo de 1996: Como represalia, el presidente Clinton suscribe Ley Helms-Burton, escalando severamente la guerra económica de Washington contra Cuba.

1995–98: Agentes del FBI espían a Hernández, Labañino, Guerrero, Fernando González, René González y otros. Desde agosto de 1996, con órdenes judiciales de la Corte de Vigilancia de Inteligencia Extranjera, que funciona a puertas cerradas dentro del Departamento de Justicia, el FBI comienza a allanar secretamente sus apartamentos en el sur de Florida y a copiar sus archivos de computadora.

Abril–noviembre de 1997: Serie de ataques dinamiteros en hoteles y centros turísticos en La Habana organizada por grupos basados en Estados Unidos. Muere visitante italiano-canadiense Fabio Di Celmo en explosión en el Hotel Copacabana.

16 y 17 de junio de 1998: A iniciativa de Cuba, oficiales de la Seguridad del Estado cubana y del FBI se reúnen en La Habana. Entregan al FBI voluminosas pruebas recogidas por la inteligencia cubana sobre planes de asesinatos, atentados dinamiteros y otros ataques por grupos basados en Estados Unidos contra cubanos y partidarios de la revolución en Cuba y otros países.

12 de septiembre de 1998: En redadas en tempranas horas de un fin de semana, agentes del FBI arrestan a 10 personas, acusándolas de formar parte de una "red de espías cubanos". Nunca encuentran a otros cuatro contra quienes había orden de arresto. Cinco de los arrestados "cooperan" con la fiscalía, y Washington comienza a fabricar el caso amañado contra Hernández, Labañino, Guerrero, Fernando González y René González, a quienes los funcionarios norteamericanos no pudieron doblegar.

2 de octubre de 1998: Un gran jurado federal formula cargos. Los cargos varían desde actuar como agente extranjero no registrado hasta conspiración para cometer espionaje.

Septiembre de 1998–febrero de 2000: A los cinco revolucionarios les niegan fianza y los mantienen 17 meses en celdas de castigo llamadas Unidades Especiales de Alojamiento (SHU) —el "hueco"— en el Centro de Detención Federal de Miami. A cada uno los someten inicialmente a meses de confinamiento solitario: a Hernández y Labañino por más tiempo, seis meses.

7 de mayo de 1999: Fiscales federales acusan a Hernández de "conspiración para cometer asesinato" por supuesto papel en el derribo de avionetas de Hermanos al Rescate en 1998.

Noviembre de 1999–junio de 2000: Guardacostas de Estados Unidos recoge a Elián González, niño cubano de seis años cuya madre murió en alta mar, y lo entrega a parientes lejanos en Miami. Pese a crecientes condenas mundiales, durante seis meses, la administración Clinton rehúsa regresarlo a su padre en La Habana. En abril de 2000, comandos de policía de inmigración allanan casa y se llevan al niño, quien regresa a Cuba con su padre en junio. Durante estos sucesos, derechistas cubanoamericanos hacen protestas callejeras reclamando que mantengan al niño en Estados Unidos.

5 de enero de 2000: Abogados de los Cinco Cubanos presentan la primera de múltiples mociones solicitando cambio de sede porque no pueden obtener juicio imparcial en Miami. La jueza federal Joan Lenard las deniega todas.

16 de agosto de 2000: Policía de inmigración arresta a Olga Salanueva en fallido intento de presionar a esposo René González para que testifique contra los otros cuatro. La acusan de violar su estatus de residente, y después de tres meses en prisión estatal, deportan a Salanueva a Cuba, unos días antes del inicio del juicio.

27 de noviembre de 2000: Comienza juicio amañado en corte federal en Miami, presidida por la jueza Joan Lenard. En uno de los juicios más largos de la historia de Estados Unidos, tres generales estadounidenses retirados y un almirante retirado dan testimonio de que no existen pruebas de espionaje. En los últimos días del juicio, los fiscales informan a la corte que enfrentan un "obstáculo insuperable" para demostrar que Hernández tuvo la *intención* de que el derribo de los aviones de Hermanos al Rescate fuera sobre aguas internacionales: requisito esencial para comprobar la acusación contra Hernández de conspiración para cometer asesinato.

8 de junio de 2001: Los cinco son declarados culpables de todos los cargos en su contra.

17 de junio de 2001: Los cinco emiten un "Mensaje al pueblo de Estados Unidos", en que declaran que "no nos arrepentimos de lo que hemos realizado para defender a nuestro país. Nos declaramos totalmente inocentes. Nos reconforta el deber cumplido con nuestro pueblo y nuestra patria".

26 de junio de 2001: Los cinco son despojados de todos sus efectos personales y puestos de nuevo en el "hueco" por 48 días.

11 de septiembre de 2001: Ataques a las Torres Gemelas y al Pentágono. En nombre de la "lucha contra el terrorismo", Washington luego promulga Ley Patriota y aplica otras medidas que limitan los derechos constitucionales.

7 de octubre de 2001: Gobierno nortamericano lanza guerra en Afganistán.

12 al 27 de diciembre de 2001: Los Cinco son sentenciados. A Hernández le dan dos cadenas perpetuas más 15 años; a Labañino cadena perpetua más 18 años; a Guerrero cadena perpetua más 10 años; a Fernando González 19 años; a René González 15 años. Son trasladados a cinco prisiones diferentes a través del país.

Abril de 2002: Deniegan primera solicitud de Salanueva de una visa para visitar a René. Desde entonces Washington ha rechazado toda solicitud de visado y la ha declado "permanentemente" excluida de Estados Unidos.

25 de julio de 2002: Con una visa emitida por Washington, Adriana Pérez viaja a Estados Unidos a visitar a su esposo Gerardo Herneandez. El FBI la detiene 11 horas en el aeropuerto de Houston. La interrogan y la deportan a Cuba. El gobierno norteamericano le ha denegado todas sus solicitudes de visa posteriores.

28 de febrero–4 de marzo de 2003: En víspera de la guerra a Iraq, los cinco son puestos en confinamiento solitario. Funcionarios norteamericanos anuncian es por razones de "seguridad nacional" y que podrían quedarse en el hueco un año o más.

19 de marzo de 2003: Washington lanza invasión y ocupación de Iraq.

18 de marzo–8 de abril de 2003: Gobierno cubano desarticula red de 75 "disidentes"involucrados en actividades financiadas por programas del gobierno norteamericano y dirigidos por personal diplómatico estadounidense en La Habana. Enjuiciados y declarados culpables de colaborar con funcionarios y agencias estadounidenses para socavar al gobierno cubano, reciben sentencias que oscilan entre 6 y 28 años.

31 de marzo de 2003: Sacan a los cinco del confinamiento solitario.

Abril–mayo de 2003: Pese a que el acceso restringido a los Cinco durante el mes de confinamiento solitario interfirió con su preparación, el equipo de defensa entabla primera apelación ante la Corte del Onceno Circuito en Atlanta.

27 de mayo de 2005: Grupo de Trabajo de la ONU sobre Detenciones Arbitrarias publica informe que afirma que el proceso contra los Cinco no cumplió "con las normas de un juicio justo", y que su encarcelamiento es de "carácter arbitrario".

9 de agosto de 2005: Panel de tres jueces de la corte de apelaciones en Atlanta revoca unánimemente las declaraciones de culpabilidad y manda realizar un nuevo juicio, señalando la "tormenta perfecta" de prejuicios creada por la publicidad negativa antes del juicio en Miami-Dade.

31 de octubre de 2005: Corte de apelaciones acepta demanda del gobierno norteamericano de suspender fallo del panel de tres jueces y revisar el caso con la corte en pleno.

9 de agosto de 2006: Corte de apelaciones, en un voto de 10 contra 2, restituye declaraciones de culpabilidad, fallando que la sede del juicio en Miami fue apropiada. Remite los demás temas de apelación al panel de tres jueces.

4 de junio de 2008: En un fallo de 2 contra 1, panel de tres jueces federales ratifica las declaraciones de culpabilidad pero anula las sentencias de Labañino, Guerrero y Fernando González por ser excesivas. Los jueces reconocen que "no hubo información secreta recogida o transmitida" por Labañino, Guerrero o Hernández, y por tanto las sentencias de cadena perpetua no concordaban con las pautas federales de sentencias. El tribunal se niega a revocar la sentencia de cadena perpetua contra Hernández por conspiración para cometer espionaje; argumenta que la segunda sentencia que él cumple simultáneamente la hace irrelevante.

30 de enero de 2009: Abogados de los Cinco Cubanos

apelan ante la Corte Suprema. Posteriormente se presenta 12 declaraciones de "amigos de la corte" a nombre de los Cinco. El Departamento de Justicia pide que la corte no revise el caso.

15 de junio de 2009: Corte Suprema rehúsa revisar apelación.

13 de octubre de 2009: La jueza Lenard resentencia a Guerrero. Reduce su sentencia de cadena perpetua a 21 años y 10 meses.

8 de diciembre de 2009: Corte reduce sentencia de Labañino de cadena perpetua a 30 años, y reduce la de Fernando González de 19 años a 17 años y nueve meses.

3 de diciembre de 2009: Gobierno cubano arresta a Alan Gross, contratista empleado por la Agencia para el Desarrollo Internacional del Departamento de Estado norteamericano, durante su quinta visita a Cuba ese año. Lo detiene basado en pruebas de que repartió equipos sofisticados de comunicación por satelite a ciertos individuos como parte de operacieon encubierta norteamericana contra Cuba. Washington alega que Gross estaba en Cuba como ciudadano privado que ayudaba a la comunidad judía a establecer contacto con grupos judíos en otros países.

10 de junio de 2010: Agotados ya todos los recursos directos de apelación, los abogados defensores presentan moción de habeas corpus a favor de Hernández. En los meses posteriores presentan apelaciones similares para Labañino, Guerrero y Fernando González.

7 de julio de 2010: Gobierno cubano anuncia excarcelación en los cuatro meses siguientes de los 58 "disidentes" restantes condenados en 2003 por actividades financiadas y dirigidas por personal del gobierno norteamericano en Cuba.

Agosto de 2010: Gobierno cubano le da visa a Judith Gross para visitar a su esposo preso Alan Gross. A la pareja se les facilita una casa para ellos solos en la playa de Tarará, cerca de La Habana, por un fin de semana.

Noviembre de 2010: Como parte de una "acomodación diplomática confidencial" entre los gobiernos de Estados Unidos y Cuba que no se hace pública en ese momento, permiten que Salanueva entre a Estados Unidos a ver brevemente a su esposo "a cambio de una visita familiar para un prisionero estadounidense recluido en Cuba". En rotundo contraste con la atención que el gobierno cubano brindó a Judith y Alan Gross, la separan de sus hijas y la confinan a un hotel, custodiada por guardias armados durante toda su estadía.

16 de febrero de 2011: Abogados de René González entablan moción solicitando que pueda cumplir en Cuba su libertad condicional.

12 de marzo de 2011: Corte cubana declara culpable a Gross y lo sentencia a 15 años de cárcel por "actos contra la independencia o la integridad territorial del estado".

7–14 de septiembre de 2011: Bill Richardson, ex gobernador de Nuevo México, viaja a La Habana con oferta de la Casa Blanca de eximir a René González de la libertad condicional a cambio de que Cuba excarcele a Alan Gross, a quien Richardson califica en público como "rehén". El gobierno cubano rechaza la propuesta, diciendo que la solución del caso de Gross debe ser "desde un punto de vista humanitario sobre la base de la reciprocidad".

16 de septiembre de 2011: Jueza Lenard deniega moción a favor de regreso de René González a Cuba.

7 de octubre de 2011: René González excarcelado tras 13 años y 24 días de prisión. Comienza tres años de "libertad supervisada" en Estados Unidos.

24 de diciembre de 2011: Gobierno cubano anuncia que pondrá en libertad a 2 900 individuos que cumplen condenas de cárcel por delitos no violentos, incluidos los que son denominados "prisioneros de conciencia" por diversas organizaciones internacionales de "derechos humanos" que se oponen a la Revolución Cubana.

30 de marzo de 2012: Con autorización de la corte, René González viaja a Cuba por dos semanas para visitar a su hermano Roberto, enfermo terminal de cáncer, quien fallece en junio.

6 de junio de 2012: Abogados de Hernández presentan moción para poder solicitar documentos y otra evidencia sobre pagos del gobierno norteamericano a reporteros en Miami durante el juicio.

12 de septiembre de 2012: Hernández, Labañino, Guerrero, Fernando González y René González comienzan su decimoquinto año en la custodia del gobierno norteamericano.

PRIMERA PARTE

Por qué y cómo Washington fabricó el caso contra los Cinco Cubanos

Alrededor del mundo: Apoyo a lucha por liberar a los Cinco Cubanos

Derecha: Protesta frente a embajada estadounidense en La Paz, Bolivia, 12 de septiembre de 2007.

Centro derecha: Marcha en Beirut organizada por el Comité Libanés de Solidaridad por la Libertad de los Cinco Héroes Cubanos, septiembre de 2011.

Abajo: Piquetes en Estocolmo, Suecia, 12 de septiembre de 2009.

CATHARINA TIRSEN/MILITANTE

PAUL PEDERSON/MILITANTE

Arriba: Miembros de la Liga de Mujeres del Congreso Nacional Africano y de FOCUS, una red de solidaridad con Cuba, marchan a la embajada norteamericana en Pretoria, Sudáfrica, 10 de diciembre de 2010.

CÓMO EMPEZÓ EL CASO AMAÑADO

Por Martín Koppel

En las primeras horas de la mañana del sábado 12 de septiembre de 1998, agentes del FBI irrumpieron en varios domicilios de Miami y zonas cercanas. Arrestaron a 10 personas, registraron sus apartamentos y confiscaron efectos personales. Con bombos y platillos, funcionarios de los Departamentos de Justicia y de Estado de la administración Clinton anunciaron que habían descubierto una "red cubana de espionaje" en el sur de Florida.

Los medios noticiosos capitalistas informaron que los detenidos estaban siendo acusados de intentar "penetrar" el Comando Sur del Pentágono, con sede en Miami, así como transmitir secretos militares norteamericanos al gobierno cubano, "infiltrar grupos anticastristas" y "manipular medios de difusión y organizaciones políticas estadounidenses".

Habían tratado de "atacar el corazón mismo de nuestro sistema de seguridad nacional y de nuestro proceso democrático", alegó el fiscal federal Thomas Scott en una rueda de prensa, que recibió mucha publicidad, en la sede del FBI en North Miami Beach.

Los fiscales federales escogieron a cinco de los detenidos como sus objetivos principales: Gerardo Hernández, Ramón Labañino, Antonio Guerrero, Fernando González y René González. El gobierno dijo que enfrentaban cargos de espionaje que conllevaban sentencias que podían llegar hasta cadena perpetua.

La verdad es que el gobierno de Estados Unidos les fabricó un caso amañado a los Cinco Cubanos, según se les conoce por todo el mundo.

¿Cuál era la actividad de "espionaje" que supuestamente estaban llevando a cabo?

Los cinco cubanos explicaron —en público y con orgullo— que habían aceptado la misión de mantener informado al gobierno de Cuba sobre grupos contrarrevolucionarios basados en el sur de Florida que tienen un largo historial de realizar mortíferos ataques contra Cuba desde territorio estadounidense. Apenas un año atrás, en 1997, había ocurrido una serie de ataques dinamiteros contra hoteles en La Habana en que había muerto un visitante italiano-canadiense.

Washington no solamente no ha hecho nada para impedir estos ataques, sino que ha dado luz verde a estos grupos durante más de cinco décadas de agresiones diplomáticas, económicas y militares contra la Revolución Cubana.

En 2001 los cinco fueron declarados culpables en un juicio caracterizado por numerosas violaciones de los derechos garantizados por las 10 primeras enmiendas a la Constitución de Estados Unidos. El tribunal los declaró culpables a pesar de que los fiscales federales reconocieron que ninguno de los cinco había tocado un solo documento clasificado del gobierno norteamericano.

Hernández fue sentenciado a dos cadenas perpetuas, Labañino y Guerrero a cadena perpetua, René González a 15 años de prisión y Fernando González a 19 años.

El objetivo del caso fabricado

El caso amañado contra los Cinco Cubanos cumplía dos fines.

Representaba un intento más de Washington de castigar a los trabajadores y agricultores de Cuba revolucionaria por tener la audacia de hacer una revolución socialista a 90 millas de las costas de Estados Unidos y sentar un ejemplo para los trabajadores y agricultores en todo el mundo que luchan contra la explotación y la opresión.

El caso fabricado también iba dirigido contra el pueblo trabajador aquí en Estados Unidos. El mensaje era claro: piénsenlo dos veces antes de resistir a los patrones y a su gobierno; así tratamos a los que están decididos a luchar.

Pero la clase gobernante de Estados Unidos subestimó la capacidad de resistencia de estos cinco revolucionarios cubanos. Y juzgó mal la manera en que un número creciente de personas percibiría el trato al que han sido sometido los cubanos.

En efecto, los Cinco Cubanos han estado en las primeras filas de los que combaten los ataques de los patrones y de su gobierno contra los derechos y las condiciones de vida del pueblo trabajador en Estados Unidos y a nivel mundial. No solo se han mantenido firmes frente a las severas condiciones impuestas por sus carceleros: entre otras cosas, meses de encierro en celdas de aislamiento, y la restricción o hasta la denegación de visas para que sus seres queridos los puedan visitar. Ellos mismos se han solidarizado con muchos —tanto dentro como fuera de los muros de las cárceles, en Estados Unidos y en otros países— que rehúsan aceptar las brutalidades de la "justicia" capitalista.

Esta trayectoria es consecuente con las responsabilidades ejemplares que ellos han desempeñado en Cuba, ya sea como dirigentes estudiantiles o combatientes internacionalistas entre los cientos de miles de voluntarios cubanos que ayudaron a derrotar al gobierno racista de Sudáfrica cuando este invadió el nuevo país independiente de Angola.

A través de los años, el caso fabricado, la privación de garantías constitucionales y el trato arbitrario contra los Cinco Cubanos por las autoridades norteamericanas han llevado a que un número creciente de personas reclame su libertad. Se han convertido en ejemplo para otros que resisten la explotación y la opresión: desde los obreros de la carne encarcelados y deportados por trabajar sin los documentos requeridos hasta los que se oponían a la ejecución en 2011 de Troy Davis, un hombre negro en el estado de Georgia a quien la policía le fabricó un caso.

Los Cinco saben muy bien que su batalla por la libertad es de largo plazo. Por el hecho de que los Cinco jamás se han dado por vencidos, el caso amañado ha sufrido algunas grietas.

En 2005 un panel del tribunal federal de apelaciones revocó el fallo de culpabilidad afirmando que "no pudieron recibir un juicio justo e imparcial" debido a "la publicidad antes del juicio en torno al caso". Un año más tarde, después de que el gobierno norteamericano impugnó esa decisión, la corte de apelaciones en pleno restituyó el dictamen de culpabilidad.

Después, en junio de 2008, un tercer fallo del tribunal de apelaciones, si bien ratificó las declaraciones de culpabilidad, revocó las sentencias de tres de los cinco —incluyendo dos de las cadenas perpetuas— por considerarlas excesivas de acuerdo con las directrices para la imposición de sentencias en Estados Unidos. Esas sentencias fueron reducidas a fines de 2009.[1]

El hecho de que los cinco han estado presos desde 1998 hace que muchas personas, al enterarse del caso, digan: ¡Basta ya: pónganlos en libertad!

Rehúsan 'cooperar' con el gobierno

En septiembre de 1998, unos días después de su arresto, Hernández, Labañino, Guerrero, René González y Fernando González fueron llevados a comparecer ante el juez federal Barry Garber, quien mandó que fueran detenidos sin derecho a fianza en el Centro de Detención Federal (FDC) de Miami. "Cada uno de ellos representa un peligro para la comunidad", afirmó Garber, indicando que estaba de acuerdo con los fiscales. Les designaron abogados defensores nombrados por la corte.

"El principal objetivo de los fiscales ahora es persuadir a los presuntos agentes para que cooperen", informó un artículo en el *Nuevo Herald* el 16 de septiembre, citando fuentes anónimas del gobierno.

Ramón Labañino describió lo que le pasó: "Todo empezó el 12 de septiembre de 1998. Sobre las 5:30 a.m., en casa, allí nos detuvieron y nos llevaron al *Headquarters* del FBI en Miami para una entrevista de 'convencimiento' a que colaboráramos y traicionáramos, con ciertas promesas a cambio. Como es obvio, nada tenía que decir, y después de varios intentos fallidos, sin más que lograr, nos llevaron en auto al FDC (Federal Detention Center) de Miami, en el corazón mismo del *Downtown* Miami, donde hemos estado todo este tiempo".

Labañino escribió estas palabras a su esposa, Elizabeth Palmeiro, en enero de 2001, cuando se estaba llevando a cabo su juicio.

Cinco de los 10 detenidos, bajo presión de las

1. Ver la segunda parte, "Reducen sentencia de Antonio Guerrero" y "Reducen sentencias de Fernando González y Ramón Labañino".

autoridades, no tardaron en declararse culpables de cargos menores —de actuar como agentes no registrados de un gobierno extranjero— y aceptaron dar testimonio contra los demás. Entre ellos había dos matrimonios con hijos, a quienes amenazaron con largas condenas de cárcel y la pérdida de la potestad de sus hijos. A principios de 2000, los que cedieron a las presiones del gobierno para que "cooperaran" fueron sentenciados a penas de tres a siete años, con promesas de ser excarcelados antes de cumplir la sentencia y de acogerse al programa federal de protección de testigos.

Mientras tanto, a los Cinco Cubanos los mantuvieron aislados en celdas de castigo por 17 meses —de septiembre de 1998 a principios de febrero de 2000— de los cuales los primeros seis meses fueron de confinamiento solitario, sin visitas ni contacto siquiera entre sí o con otros presos. Estaban encerrados en el "hueco" 23 horas al día, en celdas estrechas, húmedas y enmohecidas, con apenas una hora de "recreo" para estirar las piernas.

Un gran jurado federal formuló 33 cargos contra ellos. Los cinco se declararon inocentes de todas las acusaciones, que incluían las siguientes:

- Cada uno de ellos fue acusado de "actuar como agente de la República de Cuba sin registrarse ante el Fiscal General", y además de "conspirar" para actuar como tal.
- Guerrero, Hernández y Labañino fueron acusados de "conspiración para recoger y transmitir información de defensa nacional", un cargo que frecuentemente se abrevia en los documentos judiciales como "conspiración para cometer espionaje".
- Hernández fue acusado de "conspirar para cometer asesinato".
- Cada uno fue acusado de diversos cargos menores, como el de poseer documentos de identidad falsos.
- Además, durante las audiencias para dictar sentencias —después del juicio— la jueza federal Joan Lenard incrementó las acusaciones contra Labañino y Fernando González, alegando que eran culpables de "obstrucción de la justicia" por haber usado nombres falsos cuando fueron instruidos de cargos. Con ese argumento les impuso sentencias

Olga Salanueva (izquierda) e Irma Sehwerert, esposa y madre de René González, hablan en La Habana, 11 de diciembre de 2007. El FBI y la policía de inmigración arrestaron a Salanueva, y luego la deportaron el 21 de noviembre de 2000, seis días antes del juicio a René y a los otros cuatros revolucionarios. Desde entonces, Washington le ha negado la entrada para ver a su esposo, y en 2008 le dijeron que estaba "permanentemente" excluida de recibir visa.

"realzadas" (lenguaje policiaco que significa "más largas").[2]

Los cargos iniciales se formularon a principios de octubre de 1998. Pero el cargo contra Hernández de "conspiración para cometer asesinato" fue añadido en mayo de 1999, una vez que al gobierno le resultó evidente que había fracasado en sus intentos de quebrar la moral de los acusados a pesar de meses de encierro solitario.

En una acción judicial inaudita, las autoridades federales le imputaron responsabilidad a Hernández por el acto de un gobierno soberano: cuando Cuba en 1996 derribó dos avionetas de Hermanos al Rescate que sobrevolaron su territorio. Ese grupo derechista había violado el espacio aéreo cubano repetidamente, desafiando múltiples advertencias ampliamente difundidas.

Policía encarcela, deporta a Olga Salanueva

Las autoridades federales intentaron otras maneras de quebrar la moral de los cinco cubanos, pero fracasaron. Un método especialmente burdo fue el arresto y la deportación de Olga Salanueva, con lo que trataron de presionar a su esposo, René González.

Salanueva relató lo que sucedió en *El dulce abismo: Cartas de amor y esperanza de cinco familias cubanas*, una recopilación de correspondencia entre los Cinco Cubanos y sus familias. González, nacido en Estados Unidos y criado en Cuba, se trasladó a Florida en 1990. Salanueva se le unió seis años más tarde, y obtuvo la residencia permanente estadounidense. Tienen dos hijas, Irma, nacida en Cuba, e Ivette, nacida en Estados Unidos.

El 16 de agosto de 2000, casi dos años después del arresto de su esposo, policías del FBI y del Servicio de Inmigración y Naturalización arrestaron a Salanueva. Le confiscaron su tarjeta verde. "Me dieron a entender que yo tenía conocimiento de las actividades de mi esposo, y que, por tanto, mi residencia no era legítima", escribió. "Me trasladaron para la cárcel estatal de Fort Lauderdale".

"El verdadero objetivo de mi detención", explicó, "fue presionar a René para que firmara un acuerdo de negociación con la fiscalía federal del sur de la Florida, en que se declararía culpable y testificaría en contra de los demás acusados". Los funcionarios federales le advirtieron que Salanueva, como residente permanente, también podía ser acusada. González rehusó firmar la confesión. Tres días más tarde la arrestaron.

Rumbo a la cárcel, la policía llevó a Salanueva, vestida con el uniforme naranja de la prisión, para ver a González en el Centro de Detención Federal. "Querían demostrarle que estaban cumpliendo su amenaza y que yo, y sus hijas, estábamos a merced de ellos. René me miró y me dijo: 'Te queda bien el color naranja'. Delante de los carceleros no perdía su sentido del humor". Fue la última vez que lo vio.

"Ese día no lloré", dijo Salanueva. "Cuando una está entre amigos probablemente llora, pero frente al enemigo, no. La dignidad te da fuerzas y te endurece".

Durante los tres meses que Salanueva estuvo presa, no le entregaron a González las cartas que ella le escribió. "Evidentemente, esto era para desestabilizarlo emocionalmente, pues él no sabía directamente de mí y era la víspera del juicio", apuntó.

Les prohibieron hablar entre sí por teléfono. En un gesto solidario, una compañera peruana de Salanueva en el centro de telemercadeo donde trabajaba les ayudó a superar ese obstáculo. "La llamé y ella me grabó unas palabras para René," explica Salanueva. "Él hizo lo mismo. La llamó a ella, escuchó mi grabación y luego grabó un mensaje" para Olga.

El 21 de noviembre de 2000, seis días antes del comienzo del juicio contra los cinco, Olga Salanueva fue deportada a Cuba. Desde entonces el gobierno norteamericano le ha negado repetidamente una visa para ver a su esposo. Ella, al igual que los demás familiares, nunca ha dejado de luchar a favor de la liberación de los Cinco.

4 DE AGOSTO DE 2008

---

2. El 6 de diciembre de 2011, los fiscales del gobierno le pidieron a la jueza Lenard que mantuviera los dictámenes de culpabilidad y las sentencias "realzadas" contra Fernando González y Ramón Labañino. Los fiscales estaban respondiendo a las mociones que los dos entablaron en agosto y septiembre de 2011 para recibir audiencias a fin de presentar nuevas pruebas.

PARTE DE UNA OFENSIVA MÁS AMPLIA CONTRA LOS DERECHOS DEL PUEBLO TRABAJADOR

Por Martín Koppel

El caso fabricado contra los Cinco Cubanos forma parte de una arremetida más amplia que los gobernantes capitalistas de Estados Unidos y su gobierno están librando contra los derechos y el nivel de vida del pueblo trabajador. Esa ofensiva se ha incrementado en la última década y media, bajo administraciones tanto demócratas como republicanas, a medida que la crisis capitalista a largo plazo de las fuerzas de producción obliga a los patrones a intensificar la explotación y provoca una creciente resistencia obrera.

Desde que fueron arrestados en 1998 hasta el juicio y encarcelamiento de los cinco hombres —dos de ellos ciudadanos estadounidenses nacidos aquí, y tres inmigrantes nacidos en Cuba— cada aspecto de este caso ha sido una lección de cómo funciona la "justicia" capitalista. La historia de los Cinco Cubanos también es aleccionadora: o bien el pueblo trabajador lucha por defender las 10 primeras enmiendas a la Constitución de Estados Unidos, o bien nos serán arrebatados los derechos garantizados por ellas. La lucha de clases no es estática. No hay terreno neutral.

El gobierno norteamericano ha usado este caso para tratar de debilitar las protecciones contra "incautaciones y registros arbitrarios", garantías plasmadas en la Cuarta Enmienda a la Constitución. El FBI reconoció que durante tres años, a partir de 1995, sus agentes espiaron y allanaron repetidamente los hogares de los cinco hombres en el sur de Florida. Valiéndose de una orden judicial federal de registro (*warrant*), espiaron electrónicamente sus apartamentos, grabaron secretamente sus conversaciones telefónicas, copiaron archivos de sus computadoras y confiscaron fotos familiares, cartas y otros efectos personales, según informaron funcionarios del gobierno a la prensa.

"Agentes del FBI registraron de arriba abajo el apartamento de un dormitorio, de 850 dólares mensuales de alquiler", donde vivía Gerardo Hernández, según informó la agencia noticiosa Reuters el 16 de septiembre de 1998. "Se lo llevaron todo", dijo Henry Raisman, el gerente de su edificio.

"Durante tres años realizaron intercepciones electrónicas, pusieron micrófonos, se metieron secretamente —allanaron— sus hogares, y aún así no tienen nada concreto", dijo Jack Blumenfeld, abogado defensor de Antonio Guerrero, según informó el *Miami Herald* el 6 de octubre de 1998. Al momento de esa entrevista, un gran jurado federal formulaba cargos contra los cinco.

Blumenfeld señaló que el FBI efectuó estos allanamientos a pesar que los cargos entablados no alegaban ni un solo acto de espionaje contra el gobierno norteamericano. Ni una sola de las 1 400 páginas que ofrecieron como pruebas en el juicio demostraba que los acusados hubieran tenido en sus manos información clasificada.

¿Cómo hizo el Departamento de Justicia federal para evadir el hecho de que no podía comprobar ni un solo acto de espionaje? Presentando cargos de "conspiración".

"El cargo de conspiración es siempre el que han empleado los fiscales en casos políticos", explicó el abogado defensor Leonard Weinglass en una entrevista citada por el Gremio Nacional de Abogados en junio de 2008. Dicha acusación libra al gobierno de la necesidad de probar que ocurrió un acto ilegal. Solo basta con demostrar que hubo un "acuerdo" vago para realizar dicho acto en un futuro indeterminado.[1]

1. En los últimos 75 años los gobernantes de Estados Unidos han recurrido a cargos de "conspiración" una y otra vez para perseguir a sindicalistas, luchadores por los derechos de los negros, independentistas puertorriqueños, luchadores mexicano-americanos y comunistas. En 1941 usaron

Al jurado "se le dijo que tenía que determinar que existió un acuerdo para cometer espionaje. El gobierno nunca tuvo que probar que hubo espionaje. El gobierno no pudo haber probado que hubo espionaje", apuntó Weinglass.

Durante el juicio a los cinco, el gobierno norteamericano atentó asimismo contra muchas otras protecciones constitucionales. Por ejemplo, recurrió a pruebas a las cuales —alegando motivos de "seguridad nacional"— se les negó a los abogados defensores el mismo acceso que a los fiscales (más del 80 por ciento de los documentos introducidos por el gobierno como pruebas). La jueza además denegó las peticiones de la defensa para trasladar el juicio de Miami a otra ciudad, a pesar del "sentimiento comunitario generalizado y la extensa publicidad antes del juicio y durante el mismo", según apuntó uno de los dos jueces que presentaron una opinión discrepante en el fallo de la corte de apelaciones en 2006.

Antes del juicio: 17 meses en el 'hueco'

Durante 33 meses, desde los arrestos hasta el final del juicio, los cinco estuvieron encerrados sin derecho a fianza en el Centro de Detención Federal en Miami. Los mantuvieron en celdas de aislamiento —el tristemente célebre "hueco"— 17 meses antes del juicio, de los cuales los primeros meses estuvieron en confinamiento solitario. Al final les dejaron tener contacto entre sí gracias a las repetidas gestiones de sus abogados y cuando Washington se dio cuenta que con dicho trato no podían doblegarlos.[2]

Despues de que cada uno de los cinco fue declarado culpable, fueron regresados a las celdas de castigo por 48 días más, mientras la jueza se fue de vacaciones. Este acto vengativo se dio después de que los cinco emitieran un "Mensaje al pueblo de Estados Unidos", publicado en la prensa cubana, donde reafirmaban que no eran culpables de los cargos que les imputaban y declaraban que "no nos arrepentimos de los que hemos realizado para defender a nuestro país".[4]

Y en marzo de 2003, en la víspera de la invasión norteamericana a Iraq, los cinco hombres, ahora recluidos en cinco prisiones esparcidas por Estados Unidos, fueron puestos nuevamente en aislamiento, esta vez bajo condiciones aún más restrictivas: en la llamada "caja", un hueco dentro del hueco. Les negaron comunicaciones con sus abogados por teléfono o por correspondencia, y les confiscaron todos sus instrumentos para escribir. El Departamento de Justicia dijo solamente que las medidas se tomaban por razones no especificadas de "seguridad nacional" y posiblemente se prolongarían hasta un año.[3]

Weinglass, quien logró visitar a Hernández una sola vez en esos momentos, escribió, "Lo tienen encerrado en una celda muy pequeña de apenas tres pasos de ancho, sin ventanas y solo una ranura en la puerta de metal por donde le pasan la comida.

las leyes de conspiración para fabricar un caso, condenar y encarcelar a 18 dirigentes del sindicato de camioneros en Minneapolis y del Partido Socialista de los Trabajadores por organizar actividades en contra del ingreso de Washington a la matanza imperialista de la Segunda Guerra Mundial. En 1953 las usaron para condenar y ejecutar a Ethel y Julius Rosenberg, acusados de conspiración para cometer espionaje en tiempos de guerra, presuntamente por transmitir información sobre la bomba atómica al gobierno soviético.

2. En un memorando con fecha de mayo de 2004 y recientemente desclasificado, el Departamento de Justicia le avisó al Departamento de Defensa que si no sobrepasaba los 30 días el confinamiento solitario de los presos en el connotado campo de detención de la Bahía de Guantánamo, entonces no constituiría un trato "cruel, inhumano o degradante" de acuerdo a la Convención contra la Tortura, y por tanto podría ser defendido legalmente. Pero si el Departamento de Defensa "deseaba prolongar ese plazo", afirmó el memorando, el Departamento de Justicia "debería ser consultado nuevamente". El documento fue redactado por Jack Goldsmith III, asistente del procurador general

¿Que conclusión se podria sacar entonces de los seis meses de encierro solitario en que mantuvieron a Hernández y Labañino, bajo la responsabilidad directa de ese mismo "Departamento de Justicia"?

3. En septiembre de 2011 el gobierno norteamericano desclasificó una carta, fechada el 13 de mayo de 2003, del Departamento de Estado a los diplomáticos cubanos en la Sección de Intereses en Washington. El documento arroja luz sobre el momento escogido para realizar estas medidas punitivas contra los Cinco Cubanos a principios de marzo de 2003, cuando Washington preparaba la invasión a Iraq que llevó a cabo ese mes. La carta alegaba "numerosos ejemplos de espionaje cubano contra Estados Unidos". Según fuentes anónimas citadas en un artículo publicado en el *Miami Herald* el 21 de mayo de 2011, si bien la carta de mayo de 2003 no acusaba explícitamente al gobierno cubano de haberle pasado información al gobierno iraquí sobre los planes de invasión de Washington, sí era uno de los principales objetivos de la advertencia del Departamento de Estado.

Le quitaron su ropa y solo le permiten calzoncillos y una camiseta, pero no zapatos. No puede ver si es de día o de noche. Su celda es la única [en la prisión] donde las luces están encendidas las 24 horas al día".

Fue solo después de una campaña internacional de protestas públicas —y medidas decisivas que el gobierno cubano tomó para desarticular una red de llamados disidentes en Cuba, organizados y financiados por el gobierno norteamericano— que las autoridades federales regresaron a los cinco a la población carcelaria general después de un mes.

En años posteriores, Hernández en particular ha sido puesto en el hueco en múltiples ocasiones. Y al igual que muchos otros presos, los revolucionarios cubanos —especialmente los tres que están en instalaciones de máxima seguridad— han sido sometidos a *lockdowns* (encierros), en que los presos no pueden salir de sus celdas, en muchos casos por varios días, durante los cuales les niegan su derecho a visitas y les imponen otras restricciones.

Además de imponerles máximas sentencias y un trato brutal, les han negado a los Cinco el derecho normal de recibir visitas de sus seres queridos. Sus esposas, madres e hijos, residentes en Cuba, solo han podido visitarlos una vez al año como promedio, debido a las largas demoras en obtener visas. Y las autoridades estadounidenses les han denegado a Adriana Pérez y a Olga Salanueva todas las solicitudes de visa para visitar a sus esposos, Gerardo Hernández y René González.

Escalada de ataques contra derechos

El caso fabricado contra los Cinco Cubanos —comenzando con el operativo del FBI de 1995 a 1998 que condujo a sus arrestos— fue organizado por la administración Clinton y su Departamento de Justicia, encabezado por la procuradora general Janet Reno. La jueza federal Joan Lenard, quien presidió el juicio, realizado de noviembre de 2000 a junio de 2001, fue nombrada por Clinton.

Esto sucedió en momentos en que los gobernantes capitalistas norteamericanos y sus representantes políticos, tanto demócratas como republicanos,

El caso amañado contra los Cinco Cubanos coincidió con la escalada de ataques de los gobernantes estadounidenses contra los derechos políticos. **Arriba**: Policías de inmigración fuertemente armados irrumpen en una casa de Miami en abril de 2000 para llevarse a Elián González, niño de 6 años. La administración Clinton usó el caso para reforzar los poderes de la migra que están exentos de la supervisión judicial y —como en el caso de los Cinco— atentar contra el derecho constitucional que prohíbe registros e incautaciones arbitrarios.

iban incrementando sus ataques contra los derechos de los trabajadores y contra los salarios y las conquistas sociales del pueblo trabajador.

En 1994 el gobierno aprobó la Ley de Control del Crimen Violento y del Orden Público, la cual, entre otras cosas, socavó las garantías de la Cuarta Enmienda del "derecho de la población de estar protegida en cuanto a su persona, su vivienda, sus papeles y efectos, contra registros e incautaciones irrazonables". La ley permite en ciertos casos que la fiscalía utilice pruebas en la corte que se obtuvieron sin recurrir a una orden de registro. La ley además asignó fondos federales para poner en las calles a otros 100 mil policías municipales.

La Ley de Reforma de la Inmigración Ilegal y de Responsabilidad de los Inmigrantes, promulgada en 1996, amplió los poderes de la policía de inmigración para arrestar y deportar a trabajadores indocumentados, privándolos del derecho a una revisión o apelación judicial. La migra fue expandida hasta convertirse en la mayor agencia policial del gobierno federal.

Otra medida, con el nombre orwelliano de Ley Antiterrorista y de Pena de Muerte Eficaz, también promulgada en 1996, le permite a la migra encarcelar a inmigrantes usando pruebas a las cuales se les niega acceso a ellos y a sus abogados. Aumenta los poderes del gobierno para emplear espionaje electrónico y mantener a los acusados bajo detención preventiva sin derecho de fianza.

El gobierno restringió aún más los derechos de los presos de apelar sus casos y obtener la libertad condicional. Se hizo más común la imposición de sentencias "mínimas" obligatorias y sentencias más largas, incluida la cadena perpetua sin posibilidad de libertad condicional.

El gobierno aumentó el número de delitos federales —llegando a 60— por los cuales se puede aplicar la pena de muerte. Las ejecuciones se multiplicaron tras aprobarse la Ley Federal de Pena de Muerte de 1994. La Ley Integral de Protección Contra el Terrorismo de 1995 les niega a los condenados a muerte el derecho de presentar más de una petición de habeas corpus para que una corte federal revise sus casos.

Durante la presidencia de Clinton, entre 1993 y 2001, el número de personas encarceladas aumentó en un 42 por ciento. Desde esa época las autoridades han recurrido más frecuentemente al lockdown de las prisiones y al confinamiento solitario. Hoy día, 2.3 millones de personas en Estados Unidos se encuentran entre rejas, el nivel de encarcelamiento per cápita más alto del mundo.

En 1999 el gobierno norteamericano acusó falsamente a Wen Ho Lee, un científico nacido en Taiwan, de robar secretos nucleares para China. Si bien el gobierno no pudo probar sus acusaciones de espionaje, le negó la fianza y lo mantuvo nueve meses en confinamiento solitario, usando el caso para reforzar el uso de poderes arbitrarios en nombre de la "seguridad nacional". En septiembre de 2000 la corte desestimó todas las acusaciones salvo un cargo menor, y Lee fue excarcelado.

En abril de 2000, comandos fuertemente armados del Servicio de Inmigración y Naturalización (INS) allanaron un domicilio en Miami para llevarse a Elián González, un niño de seis años, de los familiares que lo mantenían en su casa. La Casa Blanca, al demorarse seis meses en entregar el niño a su padre en Cuba, aprovechó la situación para pulir la imagen del INS, aumentar los poderes de la migra que están exentos de la supervisión judicial, y atentar así contra la Carta de Derechos, la cual prohíbe que los residentes de Estados Unidos estén sometidos a registros e incautaciones arbitrarios. La redada en Miami ocurrió en momentos en que los Cinco Cubanos estaban detenidos por las autoridades norteamericanas, aguardando el juicio.[4]

La administración de George W. Bush, que tomó posesión en enero del 2001, continuó la trayectoria

4. En noviembre de 1999, Elián González, un niño cubano de cinco años, fue recogido de una embarcación cerca de la costa de Florida; su madre y otros 10 pasajeros se habían ahogado durante un viaje desde Cuba organizado por traficantes de inmigrantes. El padre del niño y el gobierno cubano exigieron que el niño fuera regresado. Sin embargo, la procuradora general de Estados Unidos lo entregó a la custodia de un pariente lejano en Miami. Fuerzas derechistas en Miami organizaron manifestaciones, con mucha publicidad, en contra del gobierno cubano y de la repatriación del niño. Durante siete meses la administración rehusó devolver al niño, en violación de la soberanía de Cuba. Mientras tanto, cientos de miles de cubanos se movilizaron —logrando un amplio apoyo internacional— en repetidas manifestaciones, marchas y otras acciones que exigían que Washington lo regresara a su país. El 22 de abril de 2000, policías de inmigración y alguaciles federales armados hasta los dientes efectuaron una redada estilo comando contra la casa en Miami y se llevaron a Elián González. Dos meses más tarde, fue regresado finalmente a Cuba.

establecida por la clase dominante de Estados Unidos. Aprovechó los ataques del 11 de septiembre de 2001 para lograr la aprobación de la Ley Patriota y otras leyes que aumentan la autoridad de la policía para intervenir las conversaciones telefónicas, interceptar las comunicaciones electrónicas y espiar a grupos políticos e individuos. Las sentencias draconianas contra los Cinco Cubanos fueron decretadas en diciembre de 2001, cuando Washington intensificaba su "guerra contra el terrorismo".

Bajo la bandera de la "seguridad de la tierra nativa" (*homeland security*), el gobierno ha tratado de legitimar el uso de la "detención preventiva" de "sospechosos de terrorismo" sin formularles acusaciones, de tribunales cerrados al público y hasta de la tortura, que a menudo se aplica bajo el nombre eufemístico de "interrogatorio mejorado". El gobierno está dando pasos para llevar a juicio a reos de Guantánamo —incluidos ciudadanos norteamericanos— ante tribunales militares donde se les negaría protecciones constitucionales.

Entretanto, la policía de inmigración ha aumentado sus redadas de fábricas y de barrios obreros, arrestando, deportando y a veces formulando cargos criminales de "robo de identidad" contra trabajadores nacidos en otros países.

Por las experiencias que millones de trabajadores y agricultores tienen con ataques a sus derechos constitucionales y sus condiciones de vida y trabajo —y la creciente resistencia a estos ataques— hoy día el caso de los Cinco Cubanos encuentra resonancia entre muchas personas que se enteran de él. Los trabajadores que participan en protestas contra las redadas de la migra, casos fabricados por la policía y otros casos de "justicia" de clase en Estados Unidos son los que mejor responden a las peticiones de apoyo a la campaña por la libertad de los Cinco.

Estos cinco revolucionarios, al mantenerse firmes, luchar y ofrecer una mano solidaria a otros, se han colocado entre las primeras filas de la lucha de clases en Estados Unidos.

25 DE AGOSTO DE 2008

POR QUÉ LA REVOLUCIÓN CUBANA ES UNA ESPINA EN LA GARGANTA DEL TÍO SAM

Por Martín Koppel

Cuáles fueron las supuestas actividades criminales de los Cinco Cubanos?

Estaban informando al gobierno cubano sobre las acciones de grupos contrarrevolucionarios, basados en Estados Unidos, que tienen un largo historial de lanzar ataques contra Cuba, mayormente desde Florida.

Las acciones armadas de estos grupos representan uno de los frentes en las cinco décadas de agresiones políticas, económicas y militares con las cuales el gobierno norteamericano —bajo 11 administraciones, demócratas y republicanas— ha intentado debilitar y preparar el derrocamiento de la Revolución Cubana para reimponer el dominio capitalista.

Los objetivos de Washington no son irracionales ni están guiados por cálculos electorales a corto plazo. Las familias propietarias que gobiernan en Estados Unidos están empeñadas en castigar a los trabajadores y campesinos de Cuba por tener la audacia de tomar el poder estatal y hacer una revolución socialista. Desde el principio, lo que han odiado y temido ante todo es el ejemplo político que esta revolución ofrece al pueblo trabajador de todo el mundo, incluido aquí en Estados Unidos.

"¿Qué se esconde tras el odio yanqui a la Revolución Cubana?" plantea la Segunda Declaración de la Habana, un manifiesto aprobado en febrero

BOHEMIA

Manifestantes en La Habana, agosto de 1960, realizan entierro simbólico de ataúdes que representan compañías norteamericanas nacionalizadas por la revolución. Los gobernantes capitalistas estadounidenses han librado más de 50 años de agresión contra la revolución socialista cubana porque temen el ejemplo que da por todo el mundo.

de 1962 por una asamblea popular de un millón de cubanos.

"Los une y los concita el miedo", fue la respuesta. "No el miedo a la Revolución Cubana; el miedo a la revolución latinoamericana… el miedo a que los pueblos saqueados del continente arrebaten las armas a sus opresores y se declaren, como Cuba, pueblos libres de América".

Medidas revolucionarias

El 1 de enero de 1959, los trabajadores y campesinos en Cuba, dirigidos por el Ejército Rebelde y el Movimiento 26 de Julio, derrocaron a la dictadura de Fulgencio Batista, que era respaldada por Washington. El gobierno revolucionario inmediatamente empezó a movilizar al pueblo trabajador y tomar medidas a favor de sus intereses.

En cuestión de meses, promulgó leyes que redujeron los alquileres de viviendas en un 30–50 por ciento y que rebajaron drásticamente las altas tarifas de electricidad y de teléfonos cobradas por los monopolios norteamericanos.

Se prohibió la discriminación racista en el empleo y en las instalaciones públicas. Se tomaron medidas para fomentar la participación de las mujeres en las amplias luchas sociales que se iban desarrollando.

En mayo de 1959, fue promulgada una profunda reforma agraria, se expropió las haciendas más grandes y se entregó títulos de propiedad a 100 mil campesinos sin tierra.

Se garantizó la educación pública gratuita para todos los niños y la atención médica se extendió a todos los sectores de la sociedad. En 1961 unos 250 mil voluntarios, incluyendo casi 100 mil estudiantes, mayormente adolescentes, se movilizaron por todo el país para enseñar a leer y escribir a 700 mil trabajadores y campesinos, eliminando así el analfabetismo en una campaña de menos de 12 meses.

Los trabajadores se organizaron, movilizándose para combatir el sabotaje económico de los dueños capitalistas de las fábricas y las haciendas. Ya para fines de 1960 se había nacionalizado las principales empresas norteamericanas y casi todas las grandes industrias de propiedad cubana. Para defender la revolución frente a la escalada de ataques de Washington y las fuerzas contrarrevolucionarias apoyadas por el imperialismo, se organizaron y armaron milicias obreras por todo el país.

Estas y otras medidas de carácter similar establecieron el carácter socialista de la revolución.

La dirección revolucionaria en Cuba ofreció su solidaridad a luchas antiimperialistas por todo el mundo. Ya en 1963, combatientes voluntarios cubanos fueron a Argelia para defender al nuevo gobierno independiente de un ataque apoyado por el imperialismo. Esta trayectoria internacionalista proletaria se mantiene hasta el día de hoy, con miles de médicos cubanos que brindan servicios médicos de alta calidad por toda África, América Latina y Asia.

Estas medidas, que fueron socavando las prerrogativas del capital, enfurecieron a los gobernantes norteamericanos y a los acaudalados propietarios cubanos. A diferencia de otros gobiernos, la dirección cubana no se sometía a sus intereses. Para ellos lo más alarmante era que Cuba revolucionaria sentaba un ejemplo peligroso para millones de personas en el mundo: mostraba que el pueblo trabajador sí es capaz de derrocar el dominio capitalista y reorganizar las relaciones sociales a favor de sus propios intereses.

En julio de 1960 Washington eliminó casi toda la importación de azúcar desde Cuba. En enero de 1961 rompió relaciones diplomáticas con Cuba y restringió los viajes de ciudadanos norteamericanos a la isla. En febrero de 1962 la administración de John F. Kennedy decretó un embargo total al comercio estadounidense con Cuba.

En abril de 1961 la Casa Blanca organizó una invasión a Cuba con 1 500 mercenarios, que fue derrotada en Playa Girón en menos de 72 horas por los trabajadores y campesinos a través de sus milicias populares, las Fuerzas Armadas Revolucionarias y la policía revolucionaria.

En octubre de 1962 Kennedy decretó un bloqueo naval contra la isla y llevó el mundo al borde de un holocausto nuclear después de que Cuba aceptó misiles de la Unión Soviética frente a los preparativos imperialistas para invadir a Cuba.

Washington organiza campaña de terror

Entre 1959 y 1965, casi 4 mil bandidos contrarrevolucionarios —armados, entrenados y financiados por el gobierno norteamericano— libraron una campaña de sabotaje y terror, especialmente en la sierra del Escambray, en la región central de Cuba.

Torturaron y asesinaron a cientos de personas, entre ellos alfabetizadores voluntarios y campesinos que se beneficiaban de la reforma agraria y la apoyaban. El pueblo trabajador cubano se organizó para derrotar a los contrarrevolucionarios, y lo logró para mediados de los años 60.

Bandas terroristas apoyadas por Washington quemaron cañaverales, dinamitaron grandes almacenes en La Habana y realizaron cientos de atentados contra Fidel Castro a lo largo de los años. Las autoridades cubanas han ofrecido pruebas de que Washington ha librado una guerra biológica contra la nación caribeña, por ejemplo con la introducción de agentes biológicos que provocaron brotes de fiebre porcina africana en 1971 y de dengue hemorrágico en 1981.

En las décadas más recientes el gobierno norteamericano ha intensificado su guerra económica contra Cuba, incluida la promulgación de la Ley Torricelli de 1992 y la Ley Helms-Burton de 1996, las cuales, entre otras cosas, sancionan a las empresas de otros países que comercian con Cuba.

Asimismo, contrarrevolucionarios entrenados por la CIA han realizado ataques criminales en territorio norteamericano y en Puerto Rico, una colonia de Estados Unidos. Eulalio Negrín, un empresario cubanoamericano que promovía la normalización de las relaciones entre Cuba y Estados Unidos, fue asesinado el 25 de noviembre de 1979, en Union City, Nueva Jersey.

Félix García Rodríguez, un diplomático de la misión cubana ante Naciones Unidas, fue asesinado en una calle de Nueva York el 11 de septiembre de 1980.

Carlos Muñiz Varela, un dirigente de la Brigada Antonio Maceo, fue asesinado en San Juan, Puerto Rico, el 28 de abril de 1979. La brigada se había fundado dos años antes, integrada por jóvenes cubanos residentes en Estados Unidos y Puerto Rico que se identificaban con la Revolución Cubana y la defendían contra los intentos de Washington de aplastarla.

En octubre de 1976, contrarrevolucionarios entrenados por la CIA detonaron explosivos en un avión cubano que había despegado de Barbados, matando a 73 personas, muchas de ellas miembros del equipo cubano juvenil de esgrima. Entre los implicados en el horrendo crimen estaban Orlando Bosch y Luis Posada Carriles, quienes fueron arrestados en Venezuela. Posada Carriles, ex mercenario de Playa Girón, había sido jefe de operaciones de la policía secreta venezolana en años anteriores al atentado. Se le permitió fugarse de la cárcel en 1985, antes de que fuera sometido a juicio.

JUVENTUD REBELDE

Unidad femenina de artillería antiaérea y antitanque en Angola, 1988. Entre 1975 y 1991, cientos de miles de voluntarios cubanos ayudaron a derrotar las invasiones a Angola por el régimen del apartheid en Sudáfrica. Los gobernantes imperialistas temen el ejemplo de Cuba revolucionaria con su internacionalismo proletario.

En una entrevista en 1998 con el *New York Times*, Posada Carriles se jactó de su participación en una serie de ataques dinamiteros contra hoteles habaneros en 1997, incluido uno donde murió un visitante italiano-canadiense, Fabio Di Celmo, en el hotel Copacabana. Posada Carriles también estuvo implicado en un fallido intento de asesinar a Fidel Castro en noviembre de 2000 en Panamá. Hoy Posada Carriles y Orlando Bosch siguen caminando libremente por las calles de Miami.* Washington ha rechazado la solicitud del gobierno venezolano de extraditar a Posada Carriles.

Hermanos al Rescate

Uno de los grupos contrarrevolucionarios cubanoamericanos basados en Estados Unidos es Hermanos al Rescate, que se autodenomina falsamente una organización "humanitaria" que rescataba a cubanos que salían del país en balsa. Su cabecilla, José Basulto, entrenado por la CIA, participó en la invasión de Playa Girón y tiene un largo historial de lanzar ataques armados contra Cuba.

Aviones pilotados por miembros de Hermanos al Rescate violaron repetidamente el espacio aéreo de Cuba, sobrevolando la isla de manera provocadora y tirando volantes que llamaban al pueblo cubano a sublevarse contra el gobierno. Las autoridades cubanas informan que Hermanos al Rescate realizó 25 incursiones ilegales entre mediados de 1994 y febrero de 1996, y en múltiples ocasiones el gobierno cubano entabló protestas ante las autoridades estadounidenses por estas provocaciones. Washington hizo caso omiso de las protestas.

El 24 de febrero de 1996, Basulto dirigió tres avionetas Cessna que penetraron el espacio aéreo cubano rumbo a La Habana. Los pilotos desoyeron las inequívocas advertencias de los controladores aéreos cubanos de que dieran marcha atrás. Seguidamente, aviones caza de la fuerza aérea cubana derribaron dos de las avionetas, con cuatro miembros de Hermanos al Rescate, mientras el avión de Basulto logró escapar. A partir de esta acción decisiva de Cuba para defender su territorio soberano, se terminaron los vuelos provocadores desde Estados Unidos.

En respuesta al derribo de las avionetas, la administración Clinton intensificó sus acciones hostiles contra la Revolución Cubana. Entre otras cosas promulgó la Ley Helms-Burton —apenas un mes después, en marzo de 1996— y en septiembre de 1998 arrestó y enjuició bajo cargos fabricados a los Cinco Cubanos.

El gobierno norteamericano decidió imponerle un castigo especialmente severo a Gerardo Hernández. Él recibió una segunda cadena perpetua por el cargo de "conspiración para cometer asesinato": la acusación infundada de que él había "apoyado e implementado un plan" del gobierno cubano para derribar las avionetas de Hermanos al Rescate en aguas internacionales.

Al justificar sus acciones violentas contra Cuba, grupos como Hermanos al Rescate dicen hablar a nombre de todos los cubanoamericanos. Pero la población cubana en Estados Unidos no es monolítica, ni en su composición de clase ni en sus opiniones políticas.

Los grupos derechistas armados representan los intereses solo de un puñado de empresarios ricos, entre ellos los antiguos magnates capitalistas y sus esbirros, quienes después de 1959 perdieron la posibilidad de explotar a los trabajadores y campesinos de Cuba.

La gran mayoría de los cubanoamericanos son trabajadores y no acaudalados propietarios. Actualmente muchos, si no la mayoría —sobre todo entre los que emigraron en las últimas décadas así como las nuevas generaciones nacidas en Estados Unidos— se oponen a la guerra económica de Washington contra el pueblo de Cuba y a las restricciones a los viajes, especialmente a las limitaciones de su derecho de visitar a sus familias en la isla.

Algunas organizaciones cubanoamericanas, tales como la Alianza Martiana en Miami, se pronuncian en contra de esta política norteamericana y exigen la liberación de los Cinco Cubanos.

27 DE OCTUBRE DE 2008

* Bosch murió en Miami en abril de 2011.

¿QUIÉNES SON GERARDO, ANTONIO, RAMÓN, FERNANDO Y RENÉ?

Por Martín Koppel

Los cinco revolucionarios cubanos han derrotado todos los intentos de sus carceleros de quebrar su moral. Continúan diciendo la verdad sobre la Revolución Cubana y las razones del caso amañado que les fabricó el gobierno norteamericano. Continúan explicando a sus compañeros de cárcel quiénes son. Continúan pronunciándose en defensa de todos los que luchan, en Estados Unidos y en otros países, por un mundo que esté libre de todas las formas de explotación y opresión.

En Cuba los Cinco son héroes nacionales y gozan del mayor respeto por la misión voluntaria que realizaron y por seguir actuando hoy día como revolucionarios entre las rejas de prisiones norteamericanas.

En Estados Unidos, al profundizarse la crisis económica y al estallar nuevas luchas obreras, un número más amplio de trabajadores y jóvenes se van enterando de los Cinco Cubanos. Al calor de estas batallas, muchos llegan a considerarlos como ejemplos de valor y dignidad a ser emulados.

¿Quiénes son estos hombres y qué han logrado?

Los cinco son productos ejemplares de la revolución socialista en Cuba.

Gerardo Hernández en penitenciaría federal Victorville en California.

Gerardo Hernández Nordelo

Hernández, de 47 años,[1] nació en La Habana el 4 de junio de 1965. De adolescente fue dirigente de la Federación de Estudiantes de la Enseñanza Media, y en el undécimo grado se incorporó a la Unión de Jóvenes Comunistas. En 1989 se graduó del Instituto Superior de Relaciones Internacionales en La Habana, donde había militado en la Federación Estudiantil Universitaria. En 1988 se casó con Adriana Pérez O'Connor, quien trabajaba en el Instituto de Investigaciones para la Industria Alimenticia.

Al graduarse, Hernández, como tantos de sus compañeros de clase, se ofreció como voluntario para ir a Angola, y partió de Cuba el día antes del primer aniversario de su boda. Entre 1975 y 1991, más de 375 mil cubanos fueron combatientes internacionalistas voluntarios en ese país africano, ayudando al pueblo angolano a derrotar las invasiones del régimen sudafricano del apartheid.

El teniente Hernández encabezó un pelotón de exploradores en una brigada de tanques que ayudó a defender a Cabinda, una estratégica región petrolera, de ataques contrarrevolucionarios. Se destacó en 54 misiones y fue condecorado por su papel sobresaliente. Por su trayectoria ejemplar y la gran estima que le tenían sus compañeros de lucha, en 1993 se le otorgó la militancia en el Partido Comunista de Cuba.

En una entrevista en el periódico cubano *Juventud Rebelde* en 2002, Urbano Bouza Suriz, quien

1. Las edades mencionadas en este artículo corresponden a septiembre de 2012.

combatió en Angola bajo el mando de Hernández, describió sus cualidades de dirigente. "Allí vivíamos 12 cubanos [en un pequeño refugio] y el hecho de que él como oficial compartiera lo bueno y malo de sus subordinados le daba prestigio", dijo Bouza. "Salíamos a explorar casi todos los días. A veces de noche participábamos en emboscadas alrededor de la unidad". En sus momentos libres, "leía bastante, sobre todo, libros del Che [Guevara]".

Hernández estaba preparado "tanto desde el punto de vista político y humano como psicológico" para la misión que emprendió en Estados Unidos a mediados de los años 90, dijo Bouza. "Un explorador tiene que ser excelente observador, mostrar aplomo ante el peligro, ser discreto, valiente. Y esas cualidades las aprecio en Nordelo", según le llamaban a Hernández sus compañeros de combate.

Cuando leyó en la prensa la noticia del arresto y el juicio amañado contra Hernández, Bouza le comentó con orgullo a sus vecinos, "¡Ese fue mi jefe en Cabinda!"[2]

Hernández es un hábil caricaturista. Sus caricaturas humorísticas han sido publicadas desde 1982. En 2002 se publicó en Cuba un libro de sus obras, *El amor y el humor todo lo pueden.*

Hernández está cumpliendo dos cadenas perpetuas más 15 años en la penitenciaría federal de máxima seguridad de Victorville, en el desierto Mojave en el sur de California. No ha visto a su esposa, Adriana Pérez, desde antes de su arresto, ya que en repetidas ocasiones el gobierno norteamericano le ha negado una visa para visitarlo.

Antonio Guerrero Rodríguez

Guerrero, de 53 años, nació en una familia obrera en Miami el 16 de octubre de 1958. Su padre, que se había mudado a Estados Unidos en busca de trabajo como jugador profesional de béisbol, ayudó a recaudar fondos para el Movimiento 26 de Julio y el Ejército Rebelde durante la lucha revolucionaria para derrocar al régimen de Batista. La familia regresó de visita a Cuba en noviembre de 1958, y decidió quedarse después del triunfo revolucionario en enero de 1959.

En una entrevista en julio de 2004, la hermana de Guerrero, María Eugenia, conocida como Maruchi, dijo que gracias a la influencia del ejemplo de sus padres, "mi hermano y yo tuvimos una vida activa en las organizaciones estudiantiles. Desde que empezamos la escuela fuimos dirigentes de los Pioneros, la FEEM y la UJC", refiriéndose a la Federación de Estudiantes de la Enseñanza Media y la Unión de Jóvenes Comunistas.

Después de terminar la secundaria, Guerrero, mejor conocido como Tony, ganó una beca para estudiar en la Universidad de Kiev en Ucrania. En 1983 se graduó de ingeniero civil con un alto índice académico. Al regresar a Cuba trabajó en un importante proyecto para ampliar la pista del Aeropuerto Internacional Antonio Maceo en Santiago de Cuba.

En 1989 Guerrero obtuvo la militancia del Partido Comunista de Cuba. Trabajó como especialista de construcción de aeropuertos para Cubana de Aviación. Se casó con una ciudadana panameña y vivió unos años en ese país. Después se mudó a Miami, donde trabajó en mantenimiento en la base aérea naval Boca Chica en Cayo Hueso.

Guerrero tiene dos hijos, Antonio, de 27 años, y Gabriel, de 19 años.

Artista y poeta, Guerrero ha escrito numerosos poemas en la cárcel, una selección de los cuales se publicó en inglés y en español con el título Desde mi altura. En la prisión aprendió a dibujar y pintar de otros reclusos, y una selección de sus obras se ha exhibido en ciudades por toda Norteamérica.[3]

Fue condenado a cadena perpetua más 10 años,

2. Ver "12 hombres y 2 gatos: Con Gerardo Hernández y su pelotón en Angola", en la tercera parte de este libro.

3. Ver el artículo de Guerrero en la tercera parte, "Poeta y pintor: Aprendiendo a dibujar en la cárcel".

Antonio Guerrero en prisión federal, Florence, Colorado.

y encerrado en la penitenciaría federal "supermax" en Florence, Colorado. En octubre de 2009 logró una reducción de su sentencia a 21 años más 10 meses, y lo pasaron a la prisión de mediana seguridad en Florence. En enero de 2012 fue trasladado a la prisión de mediana seguridad en Marianna, Florida.

Cuando le dictaron sentencia en diciembre de 2001, Guerrero dijo al tribunal federal, "Si se me pidiera una cooperación similar, volvería a hacerlo con honor".

En una entrevista publicada en la revista cubana *Bohemia* del 2 de septiembre de 2008, Guerrero dijo que los Cinco Cubanos no deben ser vistos "en una dimensión distinta a la de millones de compatriotas que cada día lo dan todo por la Revolución y que podían haber estado en nuestro lugar y habrían actuado exactamente igual. No somos otra cosa que cubanos de estos tiempos, revolucionarios de estos tiempos".

Ramón Labañino Salazar

Labañino, de 49 años, nació en Marianao, provincia de La Habana, el 9 de junio de 1963. Sus padres son de origen campesino. Nereida, su madre, participó en actividades de apoyo al Ejército Rebelde en la provincia de Oriente durante la guerra revolucionaria.

Dirigente estudiantil en la secundaria, estudió en la Universidad de La Habana, graduándose de economista. Fue el graduado más destacado en la cátedra militar de la universidad durante los cinco años de la carrera. En 1987 se le otorgó la militancia en la Unión de Jóvenes Comunistas. Al año siguiente aceptó responsabilidades como oficial del Ministerio del Interior. En 1991 obtuvo la militancia en el Partido Comunista de Cuba, en el cual llegó a ocupar responsabilidades de dirección.

Entusiasta del deporte, practica karate y como estudiante participó en los Juegos Caribes. Está casado con Elizabeth Palmeiro y tiene tres hijas: Ailí, de 24 años; Laura, de 20; y Lizbeth, de 15.

Al igual que sus cuatro compañeros, cuando se mudó a Estados Unidos a principios de los años 90, Labañino no pudo hablar con su esposa u otros familiares acerca de sus responsabilidades en este país, ni siquiera cuando en 1998 visitó a su madre, que estaba gravemente enferma, y sabía que no volvería a verla. Su padre, Holmes Labañino, dijo,

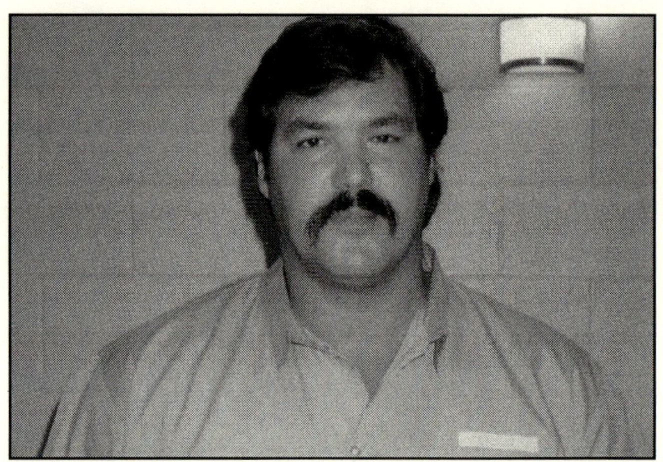

Ramón Labañino

"Yo no supe del trabajo que estaba realizando. Él no me habló de eso y nunca le pregunté. Desde muy joven siempre supo qué hacer y siempre hizo lo correcto".

Labañino dijo ante el tribunal el día de la sentencia: "Llevaré el uniforme de recluso con el mismo honor y orgullo con que un soldado lleva sus más preciadas insignias. Este ha sido un juicio político y, como tal, nosotros somos prisioneros políticos".

Labañino fue sentenciado a cadena perpetua más 18 años de prisión, y estuvo encerrado muchos años en penitenciarías de máxima seguridad en Texas y Kentucky. En diciembre de 2009 su sentencia fue reducida a 30 años, y fue trasladado a la prisión de mediana seguridad en Jesup, Georgia.

Fernando González Llort

González, de 49 años, nació en La Habana el 18 de agosto de 1963. Fue dirigente estudiantil en la secundaria y en la universidad, así como en la Unión de Jóvenes Comunistas. Se graduó con Diploma de Oro del Instituto Superior de Relaciones Internacionales Raúl Roa García.

Como miles de otros jóvenes de su generación, González se ofreció como voluntario para combatir en Angola, de 1987 hasta 1989. Era integrante de una unidad de inteligencia militar cuando las tropas cubanas y angolanas derrotaron a las fuerzas invasoras del régimen sudafricano del apartheid en la batalla de Cuito Cuanavale. Recibió las medallas de "Combatiente Internacionalista" y "Por la victoria de Cuba–República Popular de Angola".

Fernando González como combatiente voluntario en Angola.

En 1988, durante su misión en Angola, se le otorgó la militancia en el Partido Comunista de Cuba.

González ha estado con su compañera Rosa Aurora Freijanes desde 1990. Poco después de que ellos se unieran, él inició su misión especial en Estados Unidos. "Tuvimos que pasar por trámites interminables para casarnos en prisión", dijo Freijanes en *El dulce abismo: Cartas de amor y esperanza*, un libro de correspondencia entre los Cinco Cubanos y sus familiares.

En Estados Unidos la principal responsabilidad de González era vigilar a Orlando Bosch, contrarrevolucionario entrenado por la CIA. Bosch estuvo involucrado en un atentado dinamitero contra un avión cubano que había despegado de Barbados, en el cual resultaron muertos los 73 pasajeros y tripulantes.

Magali Llort, madre de González, describe a su hijo como "un típico cubano". Dice que "es un hombre con unas ideas que lo han hecho ser consecuente, y con una lealtad a su patria que pienso debemos siempre agradecerle".

En la declaración que leyó ante el tribunal federal en Miami antes de ser sentenciado en diciembre de 2001, González señaló el apoyo que el gobierno norteamericano ha dado a asesinos contrarrevolucionarios que atacan a Cuba. "Mientras la situación sea la que he descrito, Cuba tiene el derecho moral de defenderse de la forma en que mis compañeros y yo lo hemos hecho", afirmó.

Al enterarse de la digna conducta de González en el juicio amañado, Bladimir La Rosa Vega, uno de sus compañeros de combate en Angola, dijo en una entrevista a la prensa cubana, "Honestamente, no me sorprendió la actitud" de Fernando.

Le impusieron una condena de 19 años, la cual en diciembre de 2009 fue reducida a 17 años y nueve meses. Actualmente está recluido en la prisión federal de baja seguridad de Safford, Arizona.

René González Sehwerert

René González, de 56 años, nació en Chicago el 13 de agosto de 1956. Al igual que Antonio Guerrero, es ciudadano estadounidense. Su padre, Cándido González, obrero y sindicalista del acero, y su madre, Irma Sehwerert, trabajaban activamente en el Movimiento 26 de Julio entre los trabajadores inmigrantes cubanos. Después de la victoria revolucionaria de 1959 se quedaron en Estados Unidos para trabajar en defensa de la revolución. En 1961 la familia regresó a Cuba, donde los padres de René fueron dirigentes sindicales.

Desde temprana edad René González había querido ser piloto, pero aplazó sus aspiraciones más de una vez para asumir otras responsabilidades como voluntario. Como cuadro de la Unión de Jóvenes Comunistas, se ofreció como voluntario para trabajar de maestro en el campo después de graduarse de la escuela secundaria.

Aunque por su doble ciudadanía —norteameri-

CUBADEBATE

René González el día que salió de prisión bajo libertad supervisada, con su padre Cándido y su hija Irma, 7 de octubre de 2011.

cana y cubana— estaba exento del servicio militar en Cuba, se alistó en 1974. Completó su servicio militar con altas calificaciones como tanquista.

En 1977, de camino a la escuela de aviación, se enteró que su antigua división de tanques iba a Angola para participar en la misión internacionalista en ese país. González decidió sumarse.

Su madre Irma, al hablar en un encuentro con jóvenes de Estados Unidos en 2003, dijo que al principio René "no fue aceptado porque acababa de cumplir su servicio militar. Pero dijo, 'Tengo que ir a Angola'. Así que se montó en su bicicleta un viernes por la tarde y anduvo unos cuantos kilómetros para buscar a los dos oficiales que podían darle los formularios y las firmas que necesitaba. Obtuvo las firmas, y el lunes temprano salió para Angola". González cumplió misión en Angola hasta 1979 como artillero en una brigada de tanques, y fue condecorado por su valentía.

Uno de sus compañeros de combate en Angola, Luis Nieves Otaño, más tarde recordaría que durante su misión, "el gobierno cubano hizo pública la identidad de varios agentes de la seguridad [del estado de Cuba] que habían estado infiltrados en los grupos mafiosos radicados en Estados Unidos [y que habían regresado a Cuba]. Tras leerlo en un periódico, comentábamos la valentía de aquellos compañeros, y le dije a René: 'Tú tienes el biotipo y las condiciones para cumplir una misión así'. De inmediato me contestó: 'Ojalá'".[4]

Después de su regreso de Angola, González completó finalmente su adiestramiento como piloto. Trabajó como instructor de vuelo hasta 1985, cuando fue designado jefe de escuadrón en la base aérea de San Nicolás de Bari. En 1990 se le otorgó la militancia en el Partido Comunista de Cuba. Ese mismo año González aceptó su próxima misión en defensa de la revolución, esta vez en Estados Unidos.

En su declaración ante el tribunal cuando fue sentenciado, González explicó lo que los cinco estaban haciendo en Florida. "Todo este asunto de los agentes de Cuba tiene fácil solución: Dejen a Cuba tranquila. Hagan su trabajo. Respeten la soberanía del pueblo cubano", dijo. "Yo despediría gustoso al último espía que se regrese a la isla. Nosotros tenemos mejores cosas que hacer allí, todas más constructivas que vigilar a los criminales que se pasean impunes en Miami".

René González fue sentenciado a 15 años. Cum-

4. Ver la entrevista a René González en la tercera parte, "Angola me hizo crecer".

plió la mayoría de su condena en la prisión federal de Marianna, en el norte de Florida. El 7 de octubre de 2011 fue puesto en "libertad supervisada" bajo la jurisdicción de la oficina de libertad provisional de los tribunales federales. Las autoridades estadounidenses lo están obligando a permanecer tres años más en Estados Unidos bajo estas condiciones.

René y su esposa, Olga Salanueva, tienen dos hijas: Irma, de 28 años, e Ivette, de 14. Salanueva, quien residía con él en Miami al momento de su arresto en 1998, fue deportada a Cuba en 2000 y su residencia estadounidense fue revocada. Desde entonces el gobierno norteamericano le ha negado una visa para visitar a su esposo.

22 Y 29 DE DICIEMBRE DE 2008

EL CASO FABRICADO CONTRA GERARDO HERNÁNDEZ POR 'CONSPIRACIÓN DE ASESINATO'

Por Martín Koppel

Qué pasó el 24 de febrero de 1996 sobre las costas de La Habana? Los hechos exponen el caso amañado que el gobierno norteamericano montó contra Gerardo Hernández, quien fue declarado culpable y sentenciado a dos cadenas perpetuas más 15 años bajo cargos fabricados que incluían "conspiración para cometer asesinato". Los fiscales acusaron a Hernández de "apoyar e implementar un plan" del gobierno cubano para derribar dos avionetas hostiles que invadieron el espacio aéreo cubano: acto legítimo de un gobierno soberano en defensa propia.

Ese día, tres avionetas despegaron del aeropuerto de Opa-locka cerca de Miami y entraron en el espacio aéreo cubano. Estaban pilotadas por miembros de Hermanos al Rescate, un grupo contrarrevolucionario cubanoamericano que por muchos años había organizado vuelos provocadores sobre territorio cubano a pesar de las repetidas advertencias cubanas al gobierno estadounidense. Esta vez, después de que desafiaron las insistentes advertencias de los controladores aéreos cubanos de que abandonaran esa zona, la fuerza aérea cubana derribó dos de las avionetas.

No obstante, el gobierno norteamericano ha intentado convertir a las víctimas en criminales y a los criminales en víctimas. Asegura que Hermanos al Rescate llevaba a cabo una misión "humanitaria" para rescatar a balseros cubanos que intentaban llegar a la costa de Florida. Asevera que las avionetas fueron derribadas en el espacio aéreo internacional y no cubano. Y alega que Hernández sabía de antemano que existía un plan para derribar las avionetas ese día.

¿Cuáles son los hechos?

Basulto: matón entrenado por CIA

Lejos de ser un humanitario, José Basulto, dirigente fundador de Hermanos al Rescate, es un contrarrevolucionario entrenado por la CIA. Cuando fue interrogado durante su testimonio en marzo de 2001 en el juicio federal contra los cinco revolucionarios cubanos, Basulto reconoció con orgullo su largo historial.

Basulto testificó que después del triunfo de la Revolución Cubana fue entrenado por la CIA en Panamá, Guatemala y Estados Unidos. Reconoció que "fue entrenado en temas de inteligencia, comunicaciones, explosivos, sabotaje y subversión", informó el *Miami Herald* el 13 de marzo de 2001. La CIA lo infiltró a Cuba, con la identidad de un estudiante de física en la Universidad de Oriente en Santiago, para ayudar a preparar la invasión mercenaria en Playa Girón que Washington organizó en 1961, y que fue aplastada por el pueblo cubano en menos de 72 horas.

En agosto de 1962, Basulto y otros contrarrevolucionarios zarparon de Florida en una lancha rápida armada con un cañón de 20 milímetros y

Gerardo Hernández (derecha) con el abogado Leonard Weinglass.

dispararon desde aguas cubanas contra el hotel Sierra Maestra y el teatro Charles Chaplin (hoy Karl Marx) en el distrito habanero de Miramar. En los años 80, Basulto transportó por avión suministros para los "contras", las fuerzas militares organizadas y financiadas por Washington que intentaban derrocar la revolución nicaragüense.

Basulto, quien llegó a ser un empresario adinerado en Miami, dijo en su testimonio que organizó Hermanos al Rescate en 1991 como "grupo humanitario de rescate" para recoger a cubanos que intentaban llegar a la Florida en balsa. Esta fue la pantalla detrás de la cual el grupo realizó numerosas operaciones provocadoras sobre las costas cubanas, y de paso se embolsó millones de dólares en donaciones para su organización "benéfica y sin fines de lucro".

Sin embargo, el grupo cambió de táctica después de los acuerdos migratorios de 1994 y 1995 entre los gobiernos de Cuba y Estados Unidos, bajo los cuales las autoridades norteamericanas empezaron a repatriar a cubanos interceptados antes de llegar a las costas de Estados Unidos. "Sin los balseros, el dinero se evaporó", dijo el *Miami Herald* en su reportaje sobre el testimonio de Basulto.

Y después del 24 de febrero de 1996 —cabe agregar— también se evaporaron los voluntarios.

Provocaciones contra Cuba

Envalentonados por la inacción de Washington, que no impidió estas provocaciones, Hermanos al Rescate incrementó sus vuelos sobre Cuba en 1994. El 10 de noviembre de ese año, dos de sus avionetas volaron desde la base naval norteamericana en Guantánamo, y sobre la parte oriental de Cuba lanzaron volantes que instaban a la población a que derrocara al gobierno.

El grupo reconoció públicamente que en julio de 1995 y dos veces en enero de 1996 organizó vuelos desde los cuales, cerca de La Habana, lanzó volantes contra el gobierno. Las autoridades cubanas exigieron repetidamente que Washington tomara medidas para detener las incursiones en su espacio aéreo. Después de un vuelo a baja altitud sobre la capital el 13 de julio de 1995, Cuba hizo una advertencia pública de que "cualquier embarcación extranjera puede ser hundida y cualquier aeronave derribada" si entraba en territorio cubano con motivos hostiles.

Pero Washington no hizo nada —ni siquiera la simple medida de revocar las licencias de los pilotos— para frenar la escalada de provocaciones.

El 24 de febrero de 1996 ocurrieron dos violaciones hostiles del espacio aéreo cubano, según informaron las autoridades cubanas. En la primera, tres avionetas Cessna se retiraron tras ser interceptadas por aviones caza MiG de Cuba.

La segunda vez, cuando el centro de control de tráfico aéreo de La Habana detectó una de las tres Cessnas que nuevamente se dirigían hacia el espacio aéreo cubano al norte de La Habana, lanzó una advertencia. El piloto, afirmó el ministerio del exterior cubano en un comunicado, respondió diciendo "que le quedaba claro que no debía volar en esa zona pero que de todas maneras lo iba a hacer".

Una trascripción emitida por Washington, basada en grabaciones de la inteligencia norteamericana, contiene el siguiente intercambio radial entre la torre de control aéreo de La Habana y Basulto:

LA HABANA: "Le informamos que el área al norte de La Habana está activada. Se arriesgan si vuelan al sur del 24 norte [el paralelo 24]".

BASULTO: "Estamos conscientes de que estamos en peligro cada vez que volamos en la zona al sur del 24, pero estamos dispuestos a hacerlo como cubanos libres".

Las tres avionetas penetraron el espacio aéreo cubano. Desafiaron los pases de advertencia de los aviones de la fuerza aérea cubana. Entonces dos de las avionetas fueron derribadas dentro de los límites territoriales cubanos de 12 millas. La tercera avioneta, pilotada por Basulto, huyó y regresó al espacio aéreo internacional.

Acción soberana en espacio aéreo cubano

Washington ha insistido en que el derribo se produjo en el espacio aéreo internacional, aunque sí reconoció que Basulto momentáneamente violó el territorio cubano. La administración Clinton, como se señaló antes, empleó estas aseveraciones para justificar la aprobación de la ley Helms-Burton, una importante escalada de la guerra económica contra Cuba.

En enero de 2001 Clinton firmó una orden ejecutiva que aprobó la entrega de 96 millones de dólares en fondos cubanos congelados a las familias de los cuatro contrarrevolucionarios muertos en el derribo. El dinero fue confiscado de los fondos que se le debía a la compañía telefónica cubana por servicios de telecomunicaciones entre los dos países.

Las autoridades estadounidenses le entregaron a la Organización de Aviación Civil Internacional (OACI) datos de radar que respaldaban su alegato de que los sucesos del 24 de febrero de 1996 habían ocurrido sobre aguas internacionales. Sin embargo, los datos de radar proporcionados por Cuba demostraron que los aviones de Hermanos al Rescate habían estado dentro del territorio cubano.

En un informe emitido en junio de 1996, la OACI dijo que no se podía reconciliar los datos de radar de los gobiernos de Estados Unidos y de Cuba. Pero de todas maneras aseveró que las avionetas fueron derribadas sobre aguas internacionales. La agencia dijo que basó sus conclusiones en la posición del crucero estadounidense *Majesty of the Seas*, que estaba navegando cerca de Cuba en esos momentos.

No obstante, la exactitud del registro del barco es un asunto polémico. El propio informe de la OACI reconoce que "no se obtuvieron pruebas que corroboraran la posición del *Majesty of the Seas*."

El primer oficial a bordo, Bjorn Johansen, quien prestó testimonio a favor de la fiscalía en el juicio a los Cinco Cubanos, posteriormente dijo a un investigador brasileño, Fernando Morais, que él había basado sus informes en su "observación visual" de la ubicación de su barco, y no en el registro electrónico de sus instrumentos. Otro hecho que mancha la credibilidad de Johansen es que los dueños del crucero, Royal Caribbean Cruise Line, eran en aquel entonces importantes contribuidores financieros a la derechista Fundación Nacional Cubano Americana (FNCA); Peter Whelp, vicepresidente de la compañía, era miembro de la llamada "Comisión Distinguida por la Reconstrucción de Cuba", afiliada a la FNCA.

El gobierno norteamericano no hizo nada para impedir repetidas violaciones del espacio aéreo cubano por avionetas del grupo contrarrevolucionario Hermanos al Rescate antes de que fueran derribadas el 24 de febrero de 1996. **Arriba**: José Basulto, cabecilla del grupo, entrenado por la CIA y con un largo historial de acciones violentas contra Cuba.

Durante el juicio, un testigo para la defensa, el coronel retirado de la fuerza aérea George Buchner, cuestionó las conclusiones de la OACI y sugirió que la única manera definitiva de fijar el sitio donde fueron derribadas las avionetas era de examinar las fotos de satélite del gobierno norteamericano, imágenes que Washington aún rehúsa divulgar.*

Él agregó que las pruebas mostraban que cuando fueron derribados, los pilotos de Hermanos al Rescate estaban dentro de los límites del espacio aéreo cubano.

Buchner, ex comandante regional del Comando de Defensa Aérea Norteamericana (NORAD), dijo que había revisado transcripciones —proporcionadas por la Agencia de Seguridad Nacional de Estados Unidos— de las conversaciones entre los pilotos de los MiG y un comandante cubano en el terreno. Llegó a la conclusión que las dos avionetas fueron derribadas aproximadamente a seis millas y a 5.5 millas, respectivamente, de la costa cubana.

"El detonante fue cuando el primer avión cruzó el límite territorial a las 12 millas", afirmó Buchner. "Eso le permitió al gobierno cubano ejercer su derecho soberano a proteger su espacio aéreo".

De hecho, dijo Buchner, el piloto de la fuerza aérea cubana "demostró moderación" al desistir de perseguir la avioneta de Basulto cuando este se dirigió hacia el espacio aéreo internacional.

Además, según el *Miami Herald*, "Buchner dijo que las Cessnas habían dejado de ser de carácter "civil" porque todavía llevaban las insignias de la Fuerza Aérea estadounidense y habían sido usadas

* Como parte de la apelación de habeas corpus entablada por Gerardo Hernández y actualmente pendiente, sus abogados han solicitado a varias agencias del gobierno norteamericano que les entreguen copias de sus imágenes de satélite de esa zona en los momentos del derribo de las avionetas. Ver también "Errores del abogado defensor y nuevas pruebas son base de apelación de Hernández", en la segunda parte.

para lanzar volantes que condenaban al gobierno cubano".

Efectivamente, contrarrevolucionarios basados en Estados Unidos han utilizado Cessnas y otras aeronaves "civiles" a lo largo de los años para llevar a cabo operaciones de guerra biológica contra cañaverales y otros cultivos cubanos, tirar bombas incendiarias e introducir saboteadores y espías en la isla.

El derribo no fue 'conspiración'

Gerardo Hernández fue acusado de conspiración para cometer asesinato por supuestamente haber brindado información a las autoridades cubanas sobre el plan del vuelo de Hermanos al Rescate del 24 de febrero de 1996, como parte de un supuesto complot para derribar las avionetas del grupo.

De hecho, el mismo grupo Hermanos al Rescate había proporcionado su plan de vuelo a la Administración Federal de Aviación (FAA), la cual transmitió esa información a las autoridades de control aéreo de La Habana.

Después de meses de crecientes provocaciones por parte de Hermanos al Rescate —y de advertencias cubanas de que no seguiría tolerándolas— tanto Washington como La Habana habían previsto un incidente. El día antes del derribo, una nota interna de la FAA advirtió que "no es improbable que [Hermanos al Rescate] intente mañana un vuelo desautorizado en el espacio aéreo cubano, desafiando al gobierno de Cuba y su política" y que era posible que La Habana "sea menos propensa a demostrar moderación en esta ocasión".

El derribo de los aviones tampoco fue sorpresa para los dirigentes de Hermanos al Rescate. Juan Pablo Roque, un ex piloto de la fuerza aérea cubana que había llegado a Miami en 1992 y que, haciéndose pasar por contrarrevolucionario, había penetrado Hermanos al Rescate para vigilar sus actividades, regresó a Cuba el día antes del derribo. Tres días más tarde Roque apareció en la televisión cubana y expuso algunas de las actividades del grupo. Estas incluían, dijo, planes para introducir municiones antipersonal a Cuba y volar torres de alta tensión para interrumpir el suministro de energía del país.

En una entrevista con la CNN el 27 de febrero de 1996, Roque dijo que le había dicho a Basulto que las autoridades cubanas esperaban una provocación y estaban dispuestas a derribar aviones intrusos de Estados Unidos.

"Traté de convencer a Hermanos al Rescate de que no continuaran con sus vuelos", dijo. "Pero no me escuchaban. Mi opinión no contaba, porque ellos querían mártires para su industria anticastrista".

31 DE AGOSTO DE 2009

"Cuba tiene el derecho moral de defenderse como mis compañeros y yo hemos hecho".

Fernando González
diciembre 2001

EDGAR BATISTA/AHORA

Derecha: Cinco mil manifestantes en Holguín, Cuba, exigen libertad de los Cinco Cubanos, 19 de noviembre de 2011. La Federación de Mujeres Cubanas (FMC) organizó el acto como parte de un encuentro internacional en apoyo a la campaña por la liberación de los Cinco.

EDGAR BATISTA/AHORA

Izquierda: En la primera fila del acto en Holguín, desde la derecha: Rosa Aurora Freijanes y Elizabeth Palmeiro, esposas de Fernando González y Ramón Labañino; Magali Llort (cuarta de la derecha) y Mirta Rodríguez (al frente), madres de Fernando González y Antonio Guerrero. Roselia Taño, secretaria general de la FMC en Holguín, está detrás de Rodríguez. Jorge Cuevas, primer secretario del Partido Comunista en la provincia, está a la extrema izquierda.

RADHAMÉS MORALES

Derecha: Manifestación en Washington durante cinco días de actividades alrededor del mundo para exígir la libertad de los Cinco Cubanos, 21 de abril de 2012.

EL JUICIO A LOS CINCO: LECCIONES DE 'JUSTICIA' CAPITALISTA

Por Martín Koppel

De principio a fin, el juicio federal en Miami contra los cinco revolucionarios cubanos fue una lección de cómo el sistema de "justicia" norteamericano sirve los fines del dominio capitalista.

En repetidas ocasiones la jueza denegó la solicitud de los abogados defensores de trasladar el juicio de Miami a otra ciudad. El tribunal limitó severamente el acceso de los abogados defensores a las pruebas presentadas por la fiscalía. Si bien el gobierno no pudo probar sus acusaciones de conspiración para cometer espionaje y demás cargos, los cinco hombres fueron declarados culpables de todos los cargos y recibieron sentencias máximas.

El proceso, celebrado en la corte federal del Distrito Sur de Florida, fue un juicio político de cabo a rabo. En los casi siete meses que duró, desde noviembre de 2000 hasta junio de 2001, se escuchó el testimonio de 74 personas, entre ellas tres generales y un almirante retirados de las fuerzas armadas norteamericanas. A pesar de que el juicio planteaba cuestiones importantes, desde violaciones de los derechos garantizados por las 10 primeras enmiendas a la Constitución de Estados Unidos —la Carta de Derechos— hasta cuestiones de política exterior estadounidense, prácticamente no recibió atención alguna en los medios de prensa capitalista en Estados Unidos más allá del sur de Florida.

FISA contra la Carta de Derechos

El caso del gobierno contra los Cinco Cubanos se basó en "pruebas" obtenidas por la intercepción de conversaciones telefónicas y el allanamiento de sus hogares para confiscar archivos de computadora y otros efectos personales. Agentes del FBI realizaron estas acciones bajo el amparo de la Ley de Vigilancia de Inteligencia Extranjera (FISA).

FISA, promulgada por el presidente Carter en 1978, está diseñada para evadir las protecciones constitucionales contra las incautaciones y los registros arbitrarios y las violaciones del debido proceso judicial. Esta ley estableció un tribunal que funciona a puertas cerradas —dentro del Departamento de Justicia— para autorizar que las agencias policiacas federales realicen espionaje electrónico y físico a fin de obtener "información de inteligencia extranjera".

La jueza de distrito Joan Lenard rechazó las peticiones de la defensa de que se suprimieran las pruebas obtenidas por estas acciones del gobierno, las cuales constituían "registros e incautaciones irrazonables" prohibidos por la Cuarta Enmienda a la Constitución. El tribunal también permitió que la fiscalía utilizara documentos adquiridos de esta forma, a la vez que les negó a los acusados el mismo acceso a estos materiales.

Los agentes federales incautaron más de 20 mil páginas de materiales procedentes de los cinco hombres y el Departamento de Justicia le puso el sello de "secreto máximo" a cada página. Sin embargo, ni uno solo era un documento secreto del gobierno norteamericano.

El gobierno invocó la Ley de Procedimientos de Información Clasificada (CIPA), bajo la cual el tribunal restringió el acceso de la defensa a las pruebas. Se permitió que los fiscales introdujeran documentos censurados o "resúmenes" de los documentos como pruebas. Los abogados defensores solo pudieron examinar los materiales censurados en un cuarto especial en el sótano de la corte y se les prohibió sacar sus apuntes de ahí.

Una gran cantidad de pruebas fueron suprimidas. Bajo las estipulaciones de la CIPA, los fiscales se reunieron en privado con la jueza para decidir qué pruebas se le mostrarían a la defensa y cuáles serían excluidas del juicio. Esto incluía documentos que habrían podido contradecir el caso del gobierno.

Por ejemplo, la fiscalía alegó que Hernández supo de antemano que el gobierno cubano iba a derribar las dos avionetas de Hermanos al Rescate. Como prueba de esta afirmación, los fiscales dijeron que, después del derribo, "Hernández escribió a sus jefes diciendo que él y otros se sentían orgullosos de haber aportado a una operación que 'terminó con éxito'" y que la agencia de inteligencia cubana había elogiado a Hernández por "los excelentes resultados logrados en su trabajo", según un documento legal presentado por el gobierno estadounidense.

En una entrevista telefónica concedida el 1 de abril de 2009 al cineasta Saul Landau y publicada en la revista *Progreso Semanal* (reproducida en el *Militante* del 27 de julio de 2009), Hernández explicó cómo las pruebas habían sido manipuladas suprimiendo documentos.

Un poco antes del derribo de las avionetas, Hernández había ayudado a Juan Pablo Roque, otro revolucionario cubano que trabajaba dentro de Hermanos al Rescate, a que regresara a Cuba. "El gobierno norteamericano quería demostrar que el regreso de Roque a Cuba tenía que ver con el derribo. Eso es absolutamente falso", dijo Hernández en la entrevista. "Está en la evidencia que el regreso de Roque era algo que estaba planificado desde hacía más de un año antes".

Pero la fiscalía, dijo Hernández, "fue lo suficientemente inteligente como para sacar algunas de las comunicaciones de la evidencia que se referían a la Operación Venecia —que era del regreso de Roque— y hacer ver como que se referían a la Operación Escorpión, la operación para la prevención de la violación del espacio aéreo de Cuba.

"Un ejemplo claro es de un mensaje en que yo, respondiendo a una solicitud de Cuba, les digo que para mí es un honor haber contribuido con un granito de arena a una operación que fue exitosa. Eso está súper claro en la evidencia que es en referencia a la Operación Venecia, la de Roque. El gobierno está usando eso como la única evidencia de que yo tuve algo que ver con el derribo, sabiendo que eso no era en referencia a la Operación Escorpión… La fiscalía lo mezcló a propósito para crear una nube".

El gobierno norteamericano también impidió que los abogados defensores nombrados por la corte se prepararan adecuadamente para el juicio, limitándoles el acceso a sus clientes, quienes fueron puestos en celdas de aislamiento durante 17 meses antes del juicio.

Jueza deniega cambio de sede del juicio

Desde el principio, una cuestión clave fue la solicitud de la defensa de que se cambiara la sede del juicio, aduciendo que los acusados no podían recibir un juicio imparcial en el condado de Miami-Dade. A pesar de toda la publicidad en torno a los arrestos y el juicio, así como las acciones intimidatorias organizadas por las fuerzas contrarrevolucionarias cubanoamericanas, la jueza Lenard rechazó siete mociones de la defensa para trasladar el juicio a otra localidad, apenas 30 millas al norte, a Fort Lauderdale en el condado de Broward.

Desde el momento de los arrestos, los funcionarios del gobierno federal atizaron un ambiente destinado a enjuiciar a los cinco a través de los medios de difusión. Proclamaron haber descubierto "una red de espías cubanos" en Florida que "amenaza la seguridad nacional". La prensa capitalista en Miami también hizo su parte, con encabezados sensacionalistas y editoriales sobre "Los espías entre nosotros".*

Los grupos armados derechistas cubanoamericanos, si bien son mucho más débiles que en décadas anteriores, contribuyeron a esta situación. Organizaron protestas en Miami durante el juicio, inclusive acciones para conmemorar el aniversario del derribo de las avionetas. En los meses previos al juicio, Miami también se polarizó debido a la controversia en torno a Elián González; los derechistas organizaron protestas oponiéndose al regreso del niño a su padre en Cuba.

Durante la selección del jurado, varios candidatos al jurado reconocieron estar preocupados por las repercusiones que podrían sufrir en caso de que absolvieran a los cinco cubanos. Según los expedientes del tribunal, David Cuevas, por ejemplo, dijo "temer por mi propia seguridad" en caso de

* Ver "Periodistas a sueldo del gobierno atizaron prejuicios en el juicio a los Cinco Cubanos" en la segunda parte. El artículo explica el papel de la Oficina de Transmisiones para Cuba, que pagó miles de dólares a periodistas en Miami que escribieron artículos tendenciosos y perjudiciales sobre los cinco, lo cual es uno de los argumentos en la apelación de habeas corpus que actualmente está pendiente.

no dar un veredicto de culpabilidad "aceptable a la comunidad cubana". Jess Lawhorn, un banquero hipotecario, expresó preocupación por represalias económicas que pudieran "afectar su posibilidad de otorgar préstamos". John McGlamery, otro posible jurado, dijo que a consecuencia de la publicidad y el ambiente volátil podría ser muy difícil seguir las instrucciones de la corte de no exponerse a información sobre el caso.

Posteriormente, la corte de apelaciones señaló estos y otros hechos al respaldar el argumento de la defensa de que el tribunal en Miami, al negar la solicitud de cambiar la sede del juicio, había privado a los Cinco de su derecho a un proceso judicial debido.

Las preocupaciones que expresaron muchos de los candidatos a jurado estaban bien fundadas. El 27 de noviembre de 2000, el primer día de selección del jurado, fuerzas derechistas organizaron una manifestación en la escalinata de la corte, en la que figuraron familiares de los pilotos derribados de Hermanos al Rescate. Miembros del jurado fueron expuestos a la protesta durante el receso del almuerzo y algunos inclusive fueron abordados por la prensa.

La jueza tomó algunas medidas para dar la impresión de que los miembros del jurado estaban aislados de estas presiones. Ella les dio instrucciones a los funcionarios del gobierno federal de que hablaran con los parientes de los pilotos sobre su conducta inapropiada. También amplió una orden de mordaza para que cubriera a los jurados y testigos además de los abogados, y puso bajo sello de confidencialidad las preguntas formuladas a los jurados durante su selección. Ordenó que la policía acompañara a los miembros del jurado a la salida del edificio. Durante el juicio también limitó los bosquejos de los testigos para protegerlos.

Miembros del jurado continuaron quejándose de que estaban siendo acosados. La jueza entonces modificó nuevamente el transporte protegido de los jurados al edificio, y su ingreso y salida del edificio.

Pero durante las deliberaciones, las estaciones de televisión derechistas no dejaron de filmar a los jurados entrando y saliendo del edificio de la corte, siguiéndolos hasta sus automóviles. Hasta filmaron los números de placa de sus automóviles.

En un momento durante el juicio, cuando el abogado defensor Paul McKenna interrogaba a

FOTOS DE JONATHAN SILBERMAN/MILITANTE

Manifestación frente a embajada norteamericana en Londres pide excarcelación de los Cinco Cubanos, 7 de octubre de 2008. **Recuadro:** Olga Salanueva (izquierda) y Adriana Pérez, esposas de René González y Gerardo Hernández, respectivamente, en la protesta nocturna. Washington les ha negado repetidamente una visa para visitar a sus esposos. Los manifestantes exigieron que Washington les otorgue visas.

José Basulto, jefe de Hermanos al Rescate, sobre el historial de ese grupo de ataques armados contra Cuba, Basulto le replicó, "¿Está usted haciendo el trabajo del servicio de inteligencia de Cuba?". Era una clara advertencia a los miembros del jurado de cómo podrían ser tratados si emitían un veredicto de no culpable. La jueza le dijo al jurado de hacer caso omiso del comentario, y regañó a Basulto, pero permitió que continuara el proceso.

Doble moral

Los fiscales federales insistieron desde el comienzo en que se podía celebrar un juicio imparcial a los cinco revolucionarios cubanos en el condado de Miami-Dade. Sin embargo, apenas un año después, en un caso diferente, *Ramírez contra Ashcroft*, el fiscal federal Guy Lewis —que había formado parte del equipo de la fiscalía durante el juicio a los Cinco Cubanos— solicitó un cambio de sede, argumentando que un juicio imparcial en Miami-Dade era "prácticamente imposible" debido a los reportajes de la prensa y los "prejuicios" de la comunidad.

En el caso *Ramírez*, el entonces procurador general John Ashcroft y el Servicio de Inmigración y Naturalización fueron acusados de discriminación contra latinos en el empleo. Al solicitar un cambio de jurisdicción, el gobierno señaló muchos de los mismos hechos que antes había descartado como intrascendentes en el caso de los Cinco Cubanos, incluidas las manifestaciones derechistas en torno al caso de Elián González.

Durante la selección del jurado para el proceso contra los Cinco Cubanos, varias de las 12 personas escogidas para el jurado —en el cual no hubo cubanoamericanos— expresaron hostilidad hacia el gobierno cubano. David Buker, quien dijo que "[Fidel] Castro es un dictador comunista y... me gustaría ver que él se fuera y que se estableciera una democracia en Cuba", fue escogido como miembro del jurado y nombrado presidente del mismo.

Al mismo tiempo, la fiscalía recurrió a la recusación sin expresión de causa (la exclusión de un candidato al jurado sin dar razón) para excluir a africano-americanos del jurado. De las 11 oportunidades que los fiscales tenían para pedir una recusación sin expresión de causa, recurrieron a esta nueve veces. Siete de los nueve excluidos eran negros. Uno de los argumentos para la apelación del caso amañado ha sido que la exclusión desproporcionada de africano-americanos fue discriminatoria, una violación de la Cláusula de Igual Protección de la Enmienda 14 a la Constitución.

Los fiscales federales tenían buenas razones para tratar de reducir al mínimo el número de negros en el jurado. Por sus propias experiencias, muchos africano-americanos en el sur de Florida, especialmente los que son trabajadores, son más propensos que otras personas a detectar un caso fabricado y a reaccionar en contra de los prejuicios de clase de la policía y su "justicia". Y algunos tienen conocimiento de los aportes destacados de Cuba revolucionaria a las luchas de liberación a nivel mundial.

Fallos de corte de apelaciones: 2005 y 2006

El 8 de junio de 2001, la corte de distrito declaró a los cinco hombres culpables de todos los cargos formulados por el gran jurado federal. En diciembre la jueza Lenard los sentenció a máximas condenas de cárcel. Fueron llevados a prisiones federales en cinco estados diferentes. Sus abogados apelaron el caso.

Casi cuatro años más tarde, en agosto de 2005, un panel de tres jueces del Onceno Circuito de la Corte de Apelaciones, con sede en Atlanta, revocó unánimemente la declaración de culpabilidad y mandó realizar un nuevo juicio.

Los magistrados, quienes subrayaron muchos de los hechos detallados en este artículo, afirmaron que la conformación de "un jurado imparcial en este caso" era "una improbabilidad debido al prejuicio generalizado" en el área de Miami. Señalaron "la publicidad en los medios noticiosos acerca de 'Los espías entre nosotros'" y "la percepción de que estos grupos [de cubanos contrarrevolucionarios] podrían perjudicar a los jurados que pronunciasen un veredicto desfavorable a sus opiniones". Y además, el gobierno echó leña al fuego al recurrir a declaraciones incendiarias durante sus argumentos finales que la corte de apelaciones calificó como "referencias indebidas de la fiscalía".

Los jueces mandaron que se celebrara un nuevo juicio, en un lugar que no fuera Miami, debido a "la tormenta perfecta creada" por estas condiciones.

El gobierno norteamericano impugnó el fallo de la corte de apelaciones y —usando un procedimiento inusual— exigió una revisión del caso por el tribunal en pleno (*en banc*). En agosto de 2006, en un fallo de 10 contra 2, el tribunal de apelaciones en Atlanta anuló la decisión del panel. Reafirmó la decisión de la corte en Miami de denegar las mociones a favor de un cambio de sede, y ratificó los veredictos de culpabilidad. Los demás puntos apelados fueron remitidos al panel de tres jueces.

Los magistrados Stanley Birch y Phyllis Kravitch, que habían participado en el panel de tres jueces, emitieron una opinión disidente. Reafirmaron su conclusión de que el caso exigía "un cambio de sede debido al prejuicio generalizado en la comunidad". Afirmaron, "Se debe revocar los veredictos de culpabilidad y remitir el caso a un nuevo juicio".

24 DE AGOSTO DE 2009

Los cargos amañados contra los Cinco Cubanos y sus sentencias

Gerardo Hernández, Ramón Labañino, Antonio Guerrero, Fernando González y René González fueron declarados culpables de un total de 33 cargos por una corte federal el 8 de junio de 2001. Recibieron las máximas sentencias. A continuación aparecen los cargos en contra de cada uno de ellos y la sentencia que les dictó la jueza Joan Lenard en Miami.

GERARDO HERNÁNDEZ

• Conspiración para asesinar

• Conspiración para recoger y transmitir a un gobierno extranjero información relativa a la defensa nacional (frecuentemente abreviado como "conspiración para cometer espionaje" en los documentos judiciales)

• Actuar, y hacer que otros actúen, como agentes de un gobierno extranjero sin registrarse ante el Fiscal General (7 cargos)

• Conspiración para actuar como agente no registrado de un gobierno extranjero

• Uso fraudulento de documentos (2 cargos)

• Posesión con la intención de usar cinco o más documentos de identificación fraudulentos

Hernández fue sentenciado a dos cadenas perpetuas más 15 años. En 2008 una corte federal de apelaciones falló que la cadena perpetua por conspiración para cometer espionaje excedía las pautas federales de sentencias, ya que no había recogido o transmitido información secreta. No obstante, rehusó reducir la sentencia, afirmando que, debido a su otra cadena perpetua, el error era "irrelevante en cuanto al plazo que cumplirá".

RAMÓN LABAÑINO

• Conspiración para recoger y transmitir información relativa a la defensa nacional

• Actuar, y hacer que otros actúen, como agente no registrado de un gobierno extranjero (4 cargos)

• Conspiración para actuar como agente no registrado de un gobierno extranjero

• Fraude y uso fraudulento de documentos (2 cargos)

• Hacer una declaración falsa en una solicitud de pasaporte

• Posesión con la intención de usar cinco o más documentos de identificación fraudulentos

Labañino fue sentenciado a cadena perpetua más 18 años. En 2008 una corte federal de apelaciones falló que su sentencia de cadena perpetua por conspiración para cometer espionaje excedía las pautas federales de sentencias ya que no había recogido o transmitido información secreta. En 2009 la sentencia fue reducida a 30 años, seguida por cinco años de libertad supervisada.

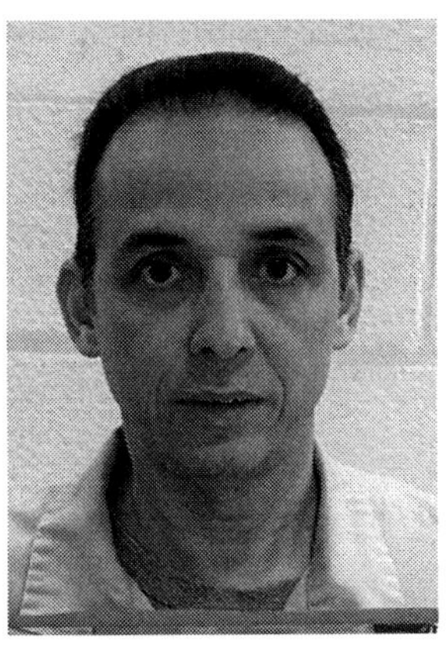

ANTONIO GUERRERO

- Conspiración para recoger y transmitir a un gobierno extranjero información relativa a la defensa nacional

- Actuar como agente de un gobierno extranjero sin registrarse ante el Fiscal General

- Conspiración para actuar como agente no registrado de un gobierno extranjero

Guerrero fue sentenciado a cadena perpetua más 10 años. En 2008 una corte federal de apelaciones falló que su sentencia de cadena perpetua por conspiración para cometer espionaje excedía las pautas federales de sentencias ya que no había recogido o transmitido información secreta. En 2009 la sentencia fue reducida a 21 años y 10 meses, seguida por cinco años de libertad supervisada.

RENÉ GONZÁLEZ

- Actuar como agente de un gobierno extranjero sin registrarse ante el Fiscal General

- Conspiración para actuar como agente de un gobierno extranjero sin registrarse ante el Fiscal General

René González fue sentenciado a 15 años de prisión, seguido por tres años de libertad supervisada. Después de 13 años y 24 días de prisión, fue excarcelado en octubre de 2011 bajo libertad supervisada, la cual está cumpliendo en Florida.

FERNANDO GONZÁLEZ

- Actuar, y hacer que otros actúen, como agente de un gobierno extranjero sin registrarse ante el Fiscal General (2 cargos)

- Conspiración para actuar como agente no registrado de un gobierno extranjero

- Fraude y uso fraudulento de documentos

- Posesión con la intención de usar cinco o más documentos de identificación fraudulentos

Fernando González fue sentenciado a 19 años de cárcel. En 2008 una corte federal de apelaciones falló que su sentencia excedía las normas federales de sentencia ya que él no tenía control o responsabilidades de supervisión respecto a otros acusados en cuanto al cargo de identificación falsa. En 2009 la sentencia fue reducida a 17 años y nueve meses, seguida por tres años de libertad supervisada. Su fecha de excarcelación es el 27 de febrero de 2014.

‘Los Cinco están en prisión por nosotros, por todos los que luchan por su dignidad, su futuro, su liberación’

“Habiendo revisado el caso exhaustivamente durante unos cuantos años, la organización cree que existen graves dudas sobre lo justo e imparcial que fue su juicio... Amnistía Internacional apoya los llamamientos a las autoridades ejecutivas de Estados Unidos para que revisen el caso mediante el proceso de clemencia u otros medios apropiados”.

Amnistía Internacional, informe de octubre de 2010

“Es injustificada la continua detención de los llamados Cinco Cubanos. Se han planteado dudas en los tribunales federales y entre organizaciones por los derechos humanos alrededor del mundo. Ellos ya han cumplido más de 12 años de prisión, y espero que en un futuro próximo sean excarcelados para que regresen a su hogar”.

James Carter, ex presidente de Estados Unidos, 30 de marzo de 2011

“En un tiempo éramos los cinco nacionalistas, cinco hermanos puertorriqueños. Hoy son cinco hermanos cubanos. En ese entonces Cuba luchó mucho por nuestra excarcelación incondicional. Hoy los Cinco Cubanos están en prisión por nosotros. Por todo hombre y mujer que está luchando por su dignidad, por su futuro, por su liberación”.

Rafael Cancel Miranda, independentista puertorriqueño,
uno de los cinco nacionalistas que pasaron 25 años en prisiones estadounidenses, febrero de 2005

“El ambiente de prejuicios y parcialidad contra los acusados en Miami persistió y contribuyó a presentar a los acusados como culpables desde el principio... Resultó casi imposible escoger un jurado imparcial en un caso vinculado con Cuba”.

Grupo de Trabajo de Naciones Unidas sobre Detenciones Arbitrarias,
opinión de cinco jueces emitida el 27 de mayo de 2005

“Escribo a nombre de 3.3 millones de afiliados para protestar por el continuo encierro de los Cinco Cubanos y pedirle a Ud. [presidente Obama] que intervenga para procurar su excarcelación... Ellos estaban en EE. UU. para monitorear las actividades de exiliados cubanos que, desde bases en Miami, planeaban actos violentos contra personas inocentes en Cuba. El continuar recluyendo a estos patriotas cubanos es moralmente indefendible”.

Kenneth Georgetti, presidente,
Congreso Canadiense del Trabajo, julio de 2012

“Nuestros hermanos cubanos desempeñaron un papel decisivo en nuestra lucha por la independencia de Angola. No vamos a quedarnos de brazos cruzados mientras ellos sigan presos hoy. Seguiremos luchando por su libertad”.

Luzia Inglês, secretaria general,
Organización de Mujeres Angolanas, septiembre de 2008

SEGUNDA PARTE

'Seguiremos hasta la victoria'

La libertad se ganará con "un jurado de millones".

Gerardo Hernández, septiembre 2008

TOM BAUMANN/MILITANTE

PAUL MAILHOT/MILITANTE

CAROLE LESNICK/MILITANTE

BILL ARTH/MILITANTE

NATALIE MORRISON/MILITANTE

Arriba izquierda: Nueva York, piquete frente a Edificio Federal, 29 de junio de 2009.

Arriba derecha: Washington, marcha del 13 de septiembre de 2008. Róger Calero, candidato a presidente de Estados Unidos en 2008 por el Partido Socialista de los Trabajadores, y Mary-Alice Waters, dirigente del PST, portan banderola.

Centro izquierda: Davis, California, unos 75 jóvenes, en su mayoría chicanos, debaten caso de los Cinco Cubanos en un foro en la Universidad de California auspiciado por la fraternidad Sigma Lambda Beta, 6 de mayo de 2009.

Centro derecha: Los Ángeles, oradores en evento sobre los Cinco Cubanos, 13 de agosto de 2011. Desde la izquierda: Alicia Jrapko, Comité Internacional por la Liberación de los Cinco Cubanos; Tony Woodley, ex secretario general del sindicato Unite del Reino Unido; Cristina Vázquez, vicepresidenta internacional del Sindicato Internacional de Empleados de Servicios (SEIU); Mike García, presidente de SEIU-Trabajadores de Servicios Unidos, Oeste; y Natasha Hickman, directora de *Cuba Sí*, revista en el Reino Unido de la Campaña de Solidaridad con Cuba.

Abajo: Minneapolis, estreno de exposición "Humor desde mi pluma" de caricaturas políticas de Gerardo Hernández, 19 de noviembre de 2011.

CORTE DE APELACIONES RATIFICA CONDENAS, ORDENA REDUCCIÓN DE TRES SENTENCIAS

Por Sam Manuel

El 4 de junio de 2008 un tribunal federal denegó la apelación entablada por cinco revolucionarios cubanos para revocar sus condenas injustas, casi 10 años después de que fueron encarcelados por el gobierno norteamericano bajo cargos fabricados.

Sin embargo, el panel de tres jueces anuló las sentencias contra tres de los hombres, dos de los cuales cumplen cadena perpetua. Remitió estos tres casos a la jueza original para que decida nuevas sentencias, afirmando que las penas carcelarias fueron excesivas.

Fue la segunda apelación de los Cinco Cubanos que llegó a un tribunal de apelaciones. En 2005 un panel de tres jueces del mismo Onceno Circuito de la Corte de Apelaciones anuló las condenas afirmando que los cinco no obtuvieron un juicio imparcial en Miami. Un año más tarde, el tribunal en pleno, con 12 jueces, revocó ese fallo, a la vez que permitió apelaciones sobre otros puntos.

En la decisión del 4 de junio de 2008, uno de los tres jueces, Stanley Birch, estuvo a favor de ratificar las condenas, pero al mismo tiempo reiteró su opinión de que los acusados no habían recibido un juicio imparcial en Miami, que se debió haberles otorgado su solicitud de cambiar la sede del juicio y se debió haber mandado realizar un nuevo juicio en la apelación anterior.

"Los acusados fueron sometidos a tal grado de daño, por el prejuicio generalizado en la comunidad, que se debió haber anulado sus fallos de culpabilidad", escribió. En el juicio de 2001, la jueza Joan Lenard había rechazado repetidas mociones de los abogados defensores para trasladar el proceso a una ciudad que no fuera Miami, donde las amenazas derechistas y los reportajes tendenciosos de los medios noticiosos crearon un ambiente perjudicial.

Los cinco fueron declarados culpables de cargos de conspiración para recoger y transmitir información relativa a la defensa nacional, no registrarse como agentes de un gobierno extranjero y otras acusaciones amañadas. Hernández además fue acusado falsamente de "conspiración para cometer asesinato".

El Gremio Nacional de Abogados, en una declaración que protestó contra el fallo, citó a Leonard Weinglass, uno de los abogados de los Cinco Cubanos, quien señaló, "Conspiración siempre ha sido la acusación que han empleado los fiscales en casos políticos". Así el gobierno no tiene que comprobar que se cometió un acto de espionaje, sino que puede imponer una sentencia (en el caso de Gerardo Hernández, dos cadenas perpetuas más 15 años) como si realmente hubiera ocurrido un acto de espionaje, observó Weinglass.

Para justificar un cargo de "conspiración", el gobierno tiene que probar la existencia de "un acuerdo para lograr un objetivo ilícito" pero no que "los acusados lograron el propósito de la conspiración", señaló la corte al ratificar la culpabilidad de René González, quien cumple una condena de 15 años.

Disienten sobre 'conspiración de asesinato'

El voto de los jueces estuvo dividido —dos contra uno— al ratificar el fallo de culpabilidad contra Gerardo Hernández por el cargo de conspiración para cometer asesinato. Esa acusación se hizo en torno al derribo en 1996 por la fuerza aérea cubana de dos avionetas de Hermanos al Rescate, un grupo derechista cubanoamericano que durante años había violado repetidamente el espacio aéreo de Cuba en actos cada vez más agresivos. Su dirigente, José Basulto, tiene un largo historial de ataques armados contra Cuba, remontándose a su participación en la invasión mercenaria a Cuba, organizada por Washington, en Playa Girón en 1961, así como en un ataque a un hotel cubano en 1962.

René González y otro cubano, Juan Pablo Roque, quien no se encontraba en Estados Unidos al momento de los arrestos, habían ingresado a Hermanos al Rescate para obtener información sobre sus planes para sobrevolar Cuba y posibles ataques a ese país. El gobierno norteamericano alega que, bajo instrucciones de La Habana, Hernández les había advertido a estos dos que no volaran durante una serie de fechas en las cuales la fuerza aérea cubana podría "enfrentarse" a los vuelos provocadores.

Los fiscales también citaron comentarios supuestamente hechos por Hernández, después que fueran derribadas las avionetas, expresando su aprobación de ese acto que el gobierno cubano tomó en defensa propia. Estas dos cosas, dijeron, constituyeron un "acuerdo" o "conspiración" de Hernández en relación al derribo.

En una enfática opinión disidente de 16 páginas, la jueza Phyllis Kravitch votó a favor de anular la declaración de culpabilidad de Hernández, tachando las pruebas ofrecidas por la fiscalía como "especulación" en el mejor de los casos. Ella subrayó que Hermanos al Rescate había violado repetidamente el espacio aéreo cubano desde 1994, sobrevolando en una ocasión a baja altura sobre el centro de La Habana. El gobierno cubano se quejó dos veces ante la Administración de Aviación Federal (FAA) por las incursiones, y advirtió que Cuba tenía derecho a derribar cualquier aeronave invasora. Basulto hasta se jactó de los sobrevuelos al hablar por una radioemisora de Miami, pero las autoridades estadounidenses no tomaron acción alguna en contra suyo.

La jueza señaló que un cargo de conspiración debe basarse en un acuerdo para "lograr un objetivo ilícito", pero que el gobierno norteamericano no había comprobado que el objetivo de Hernández era de "derribar los aviones en espacio internacional, en lugar del espacio aéreo cubano". El gobierno cubano dice que derribó los aviones dentro de su espacio aéreo soberano.

Kravitch agregó que el gobierno "no dio pruebas suficientes de que Hernández siquiera llegó a un acuerdo para derribar los aviones en absoluto".

Sentencias desproporcionadas

Tras ser declarado culpable de esta acusación infundada, Hernández fue sentenciado a doble cadena perpetua más 15 años. René González fue condenado a 15 años, Fernando González a 19 años, Ramón Labañino a cadena perpetua más 18 años y Antonio Guerrero a cadena perpetua más 10 años.

Aunque la declaración de culpabilidad contra los cinco fue ratificada, el tribunal falló unánimemente que las sentencias contra Labañino, Guerrero y Fernando González eran excesivas y no tenían fundamento legal. Concluyó que el gobierno no pudo demostrar que Labañino o Guerrero habían transmitido documentos secretos a Cuba, y que no pudo probar que González fuera el "encargado" del grupo.

ERIC SIMPSON/MILITANTE

Línea de piquetes en San Francisco después de que corte de apelaciones en Atlanta ratificó dictamen de culpabilidad contra los Cinco Cubanos, 6 de junio de 2008.

Derechos constitucionales

El caso del gobierno contra los Cinco Cubanos se basa en pruebas que agentes del FBI se llevaron secretamente de sus hogares y computadoras amparándose de la Ley de Vigilancia de Inteligencia Extranjera (FISA). Bajo esa ley aprobada en 1978 —que atenta contra las protecciones garantizadas por las 10 primeras enmiendas a la Constitución de Estados Unidos, la Carta de Derechos, contra los registros y las pesquisas irrazonables— se creó un tribunal secreto dentro del Departamento de Justicia federal, para aprobar sin cuestionamientos las solicitudes de agencias policiacas federales de espiar a residentes de Estados Unidos sin tener que pedir una orden judicial ante un tribunal normal.

El fallo del 4 de junio ratificó la decisión de la corte original de no suprimir las pruebas obtenidas mediante los registros secretos de domicilios; declaró que el gobierno había certificado que la solicitud aprobada por la FISA fue apropiada. "Cuando las solicitudes, como en este caso, tienen la certificación necesaria, solo están sujetas a 'una revisión mínima de las cortes'. La corte que examina la apelación no tiene mayor autoridad para revisar las certificaciones de la rama ejecutiva que la que tiene la corte de la FISA".

El tribunal de apelaciones además afirmó la decisión de la jueza Lenard de prohibir que los acusados y sus abogados vieran todos los documentos que la fiscalía presentaba como pruebas, aduciendo que algunos documentos podrían contener información clasificada. A los abogados defensores se les permitió examinar "resúmenes" o documentos muy censurados.

Los abogados de los Cinco Cubanos dicen que van a pedir que la corte en pleno vuelva a considerar el dictamen. También dijeron que contemplan una apelación del caso ante la Corte Suprema de Estados Unidos.

23 DE JUNIO DE 2008

De opiniones de jueces de corte federal de apelaciones

'LAS CONDENAS DE LOS ACUSADOS DEBEN SER ANULADAS'

"Pese a los numerosos intentos de la corte de distrito de asegurar un jurado imparcial en este caso, concluimos que era poco probable poder constituir dicho jurado en esta comunidad por el prejuicio generalizado en la comunidad...

"Los argumentos del gobierno sobre los males de Cuba y la amenaza de Cuba a la santidad de la vida americana solo echó leña al fuego de las pasiones encendidas de la comunidad...

"Un nuevo juicio se hizo necesario por la tormenta perfecta creada cuando la oleada de sentimientos generalizados de la comunidad, y la extensa publicidad antes y durante el juicio, se combinaron con las declaraciones inapropiadas de la fiscalía".

—del fallo en agosto de 2005 de los jueces Stanley Birch, Phyllis Kravitch y James Oakes, panel de tres jueces del Onceno Circuito de la Corte Federal de Apelaciones en Atlanta, que revocó las condenas de los Cinco Cubanos y mandó realizar un nuevo juicio

"Este es uno de los casos inusuales y excepcionales que justifican un cambio de sede por los prejuicios generalizados de la comunidad que hacen imposible constituir un jurado imparcial... Las condenas de los acusados deben ser revocadas y el caso remitido a un nuevo juicio".

—de la opinión discrepante de los jueces Birch y Kravitch, agosto de 2006, cuando la corte federal de apelaciones en Atlanta, con 12 miembros, revocó el fallo de 2005 y reafirmó las declaraciones de culpabilidad

"El gobierno no ofreció pruebas suficientes para demostrar, más allá de una duda razonable, que Hernández acordó participar en una conspiración cuyo objetivo era derribar aviones de Hermanos al Rescate en el espacio aéreo internacional...

"Yo revocaría la declaración de culpabilidad y la sentencia respecto al Cargo 3: conspiración para cometer asesinato".

—de la opinión discrepante de la jueza Kravitch, junio de 2008, cuando el panel de tres jueces de la corte federal de apelaciones en Atlanta reafirmó las declaraciones de culpabilidad de los Cinco pero revocó las sentencias de Labañino, Guerrero y Fernando González

CORTE SUPREMA REHÚSA CONSIDERAR APELACIÓN

Protestas reclaman: '¡Liberen a los Cinco Cubanos presos en EE.UU.!'

Por Seth Galinsky

El 15 de junio de 2009 la Corte Suprema de Estados Unidos rehusó —sin ofrecer comentarios— revisar el caso de los Cinco Cubanos. Los partidarios de los cinco revolucionarios cubanos respondieron organizando líneas de piquetes en varias ciudades y están intensificando sus esfuerzos a favor de la libertad de los Cinco.

"Basado en la experiencia que hemos tenido, no me sorprende la decisión de la Corte Suprema", dijo Gerardo Hernández desde la prisión en una declaración divulgada por la Asamblea Nacional de Cuba. "Ya no queda ninguna duda de que nuestro caso ha sido desde el principio un caso político".

Los abogados de los cinco habían entablado la apelación ante la Corte Suprema el 30 de enero. Doce escritos *amicus curiae* (amigo de la corte) fueron presentados a la corte en apoyo a la solicitud de que el caso sea revisado.

Entre los que presentaron escritos están la Asociación Política Mexicana Americana (MAPA), el Gremio Nacional de Abogados, la Conferencia Nacional de Abogados Negros, la Clínica de Derechos Civiles de la facultad de derecho de la Universidad Howard y 10 premios Nobel.

Los escritos abordan tres aspectos fundamentales del juicio de 2001, que duró más de seis meses: la negativa de la jueza a otorgar un cambio de sede a pesar del prejuicio generalizado anticastrista en Miami, la exclusión por la fiscalía de siete candidatos al jurado que eran negros, y el dictamen de culpabilidad contra Hernández sin pruebas de conspiración para cometer asesinato.

El Gremio Nacional de Abogados y la Conferencia Nacional de Abogados Negros mencionaron en sus escritos que el primer día de la selección del jurado, derechistas anticastristas sostuvieron una rueda de prensa y llenaron la sala del tribunal. A lo largo del juicio ocurrieron otros actos similares de intimidación.

En agosto de 2005 un panel de tres jueces del Onceno Circuito de la Corte de Apelaciones falló que las opiniones de muchos en Miami en contra de la Revolución Cubana, la "extensa publicidad antes del juicio y durante el mismo" y las declaraciones "inapropiadas" de la fiscalía se combinaron para crear una "tormenta perfecta" e impidieron que los cinco pudieran recibir un juicio imparcial. La corte mandó celebrar un nuevo juicio. Sin embargo, su decisión fue revocada un año más tarde por la corte en pleno de 12 jueces.

Al negarse a revisar el caso, los jueces de la Corte Suprema "hicieron lo que les pidió la administración de Obama", declaró la Asamblea Nacional de Cuba después que anunciarse la decisión. "Una vez más se manifiesta la arbitrariedad de un sistema corrupto e hipócrita".

"Ahora es el momento de reforzar nuestras acciones, sin dejar ni un solo espacio por cubrir ni una sola puerta por tocar" en la lucha para liberar a los cinco, dijo la Asamblea en su declaración.

Unas 30 personas se sumaron a una línea de piquetes frente a la Casa Blanca poco después del anuncio. Coreaban, "¡Justicia aplazada es justicia negada! ¡Libertad para los Cinco Cubanos ya!"

Los manifestantes exigieron que el presidente Barack Obama indulte a los cinco. Se celebraron también protestas en San Francisco y en Nueva York.

"Mientras quede una persona luchando fuera, nosotros seguiremos resistiendo hasta que se haga justicia", recalcó Hernández en su declaración.

Susan Lamont en Washington contribuyó a este artículo.

29 DE JUNIO DE 2009

REDUCEN SENTENCIA DE ANTONIO GUERRERO

Gobierno oye 'ruido' de condenas internacionales

Por Mary-Alice Waters y Ernest Mailhot

MIAMI, 13 de octubre de 2009—Antonio Guerrero salió hoy de una sala del Tribunal Federal del Distrito Sur de Florida con una sentencia reducida de 21 años y 10 meses. Con una reducción por su historial de conducta, reconocida en la decisión de la jueza federal de distrito Joan Lenard, Guerrero tiene ahora la posibilidad de obtener la libertad condicional dentro de unos siete años. Cuando Guerrero entró a la sala del tribunal ese día, estaba cumpliendo una condena de cadena perpetua más 10 años sin posibilidad de libertad condicional, sentencia decretada por la misma jueza en diciembre de 2001.

Guerrero y los otros cuatro revolucionarios cubanos han estado presos desde 1998 bajo diversos cargos fabricados, entre ellos conspiración para cometer espionaje y conspiración para cometer asesinato. En junio de 2008 un tribunal federal de apelación anuló las sentencias de tres de los Cinco —Guerrero, Ramón Labañino y Fernando González— y decretó que las sentencias eran excesivas porque no correspondían con las normas judiciales. El tribunal de apelaciones dictaminó que cada uno de los tres fuera sentenciado de nuevo.

En el caso de Guerrero y Labañino, el tribunal de apelaciones señaló que fueron declarados culpables de conspiración para cometer espionaje, pero que no se había presentado prueba alguna de que hubieran recogido o transmitido información clasificada al gobierno cubano.

Además de la sentencia reducida y la posibilidad de libertad condicional por primera vez, también es posible ahora que Guerrero sea trasladado a una institución correccional federal de mediana seguridad, y no a una penitenciaria de máxima seguridad como la de Florence, Colorado, donde ha estado preso desde 2002. [Desde enero de 2012 ha estado recluido en la prisión de mediana seguridad en Marianna, Florida.] Como observó Leonard Weinglass, abogado de Guerrero, al dirigirse hoy al tribunal, los presos en la penitenciaria federal de Florence han estado sometidos a un encierro (*lockdown*) ¡un 30 por ciento del tiempo como promedio!

Al emitir su decisión, el tribunal federal rechazó los argumentos tanto de la fiscal principal, Caroline Heck Miller, como del abogado defensor Weinglass a favor de un acuerdo que ellos habían concertado antes de la audiencia en el que le proponían a la jueza reducir la sentencia de Guerrero a 20 años. Eso habría sido un año y 10 meses menos que las normas federales para sentencias correspondientes a los cargos por los cuales Guerrero fue declarado culpable falsamente. Lenard impuso la sentencia mínima en el marco de las directrices federales, las cuales son recomendaciones a los jueces pero no obligatorias.

Lenard le insistió a Miller —quien también había sido la principal fiscal federal en el juicio contra los Cinco en 2001, donde argumentó enérgicamente a favor de la cadena perpetua— que explicara por qué el gobierno proponía una condena menor que la mínima establecida por las directrices judiciales.

Miller se refirió al impacto de la campaña internacional en defensa de los Cinco. Ella observó que el caso ha estado acompañado de mucha "conflictividad y ruido" y que el gobierno estaba a favor de "conceder algo" a fin de "calmar los mares de conflictividad que se arremolinan en torno a este caso a nivel mundial".

¡Que mejor razón para intensificar la campaña internacional por la libertad de los Cinco Cubanos!

26 DE OCTUBRE DE 2009

REDUCEN SENTENCIAS DE FERNANDO GONZÁLEZ Y RAMÓN LABAÑINO

Gobierno reconoce que no hubo espionaje

Por Mary Alice Waters y Ernest Mailhot

MIAMI, 8 de diciembre de 2009—Ramón Labañino entró hoy a una sala del tribunal federal del Distrito Sur de Florida con una sonrisa ancha y dando señales de aprobación a los más de 40 partidarios presentes. Le tiró un beso volado a su esposa Elizabeth Palmeiro, sentada en la primera fila. Tanto Labañino como su compañero Fernando González entraron y salieron de sus respectivas audiencias con semejante dignidad y ademanes. Manifestaban una confianza de que, a pesar de estar presos desde hace más de una década en prisiones federales estadounidenses, la campaña para su libertad está cobrando fuerza a nivel mundial.

En junio de 2008 una corte federal de apelaciones revocó las sentencias de tres de los Cinco Cubanos —Antonio Guerrero, Labañino y Fernando González— dictaminando que no correspondían con las normas judiciales. La corte de apelaciones dictaminó que los tres fueran sentenciados nuevamente.

Ramón Labañino visitado por su padre Holmes y su hermano Holmito en la penitenciaría federal McCreary en Kentucky, abril de 2010.

El tribunal señaló en su decisión que Guerrero y Labañino habían sido declarados culpables de conspiración para cometer espionaje pero que "la corte de distrito no falló que recogieron o transmitieron información altamente secreta". Por lo tanto, la cadena perpetua que les impuso la jueza Lenard en diciembre de 2001 no correspondía a las pautas federales de sentencias.

En el caso de Fernando González, la corte de apelaciones falló que no se había demostrado que él "ejerció control o influencia" sobre alguno de los otros participantes en "el delito". Por lo tanto la sentencia de 19 años era excesiva. Sus casos fueron remitidos a la jueza Lenard para que emitiera nuevas sentencias.

Labañino, quien cumplía cadena perpetua más 18 años (sin posibilidad de libertad condicional), salió del tribunal con una sentencia reducida de 30 años. La sentencia de González de 19 años fue reducida a 17 años y 9 meses. La sentencia de Antonio Guerrero de cadena perpetua más 10 años fue reducida dos meses antes, el 13 de octubre, a 21 años más 10 meses.

La corte de apelaciones se negó a revocar la sentencia draconiana de doble cadena perpetua más 15 años que recibió Gerardo Hernández, o la sentencia de René González de 15 años. Una de las dos condenas de cadena perpetua contra Hernández fue impuesta sobre las mismas bases erróneas que se usaron al aplicar la cadena perpetua contra Guerrero y Labañino. No obstante, la corte de apelaciones dictaminó que "Hernández no necesita ser resentenciado porque los errores… son inofensivos".

Hernández además fue sentenciado a cadena

perpetua bajo el cargo amañado de conspiración para cometer asesinato, asociado con el derribo de dos avionetas que violaron el espacio aéreo cubano en febrero de 1996. La corte de apelaciones dictaminó que "cualquier error en calcular la sentencia simultánea de Hernández por conspiración para recoger y transmitir información acerca de la defensa nacional no es pertinente al plazo que cumplirá en la prisión".

La reducción de la sentencia contra Labañino a 30 años —lo mínimo dentro de las pautas federales de sentencias— fue recomendada por los abogados del gobierno estadounidense y por el abogado defensor William Norris. La recomendación fue aceptada por Lenard al final de una breve audiencia.

En el caso de González no hubo recomendaciones de los abogados de ninguna de las dos partes, y Caroline Heck Miller, fiscal federal asistente para el Distrito Sur de Florida, introdujo un extenso resumen de los testimonios y documentos presentados en el juicio de 2001. Intentó justificar la posición del gobierno de que la seriedad del peligro a la seguridad nacional de Estados Unidos que representan las acciones de González amerita la máxima sentencia posible. Le respondió el abogado defensor Joaquín Méndez.

Fernando González en la prisión federal de Terre Haute, Indiana.

Los cinco cubanos, como han reiterado una y otra vez en el curso de su lucha por la libertad, se encontraban en Estados Unidos a petición del gobierno cubano para vigilar las actividades de organizaciones ultraderechistas cubanoamericanas en Florida y advertirle al gobierno cubano sobre planes de ataques violentos contra objetivos en Cuba. Sin embargo, la fiscal Miller los describió como agentes de un gobierno extranjero que realizaban "actos de vigilantismo en territorio estadounidense". Ella pidió la más severa sentencia posible para González como "elemento de disuasión" contra "todos los agentes extranjeros".

Miller dijo que la conducta de los Cinco Cubanos ha sido "celebrada por un gobierno extranjero, brindando un fuerte incentivo a otros" a que lleven a cabo actividades similares en Estados Unidos. Dijo que era necesario enfrentar eso con un "fuerte desincentivo". Ella se refería al hecho de que en Cuba los cinco son héroes nacionales cuyos nombres y rostros se ven en todas partes, y que va cobrando ímpetu una campaña mundial por su libertad.

Durante la vista de resentencia para Guerrero dos meses antes, Miller reconoció la presión que siente el gobierno norteamericano por el amplio apoyo internacional que se ha logrado a favor de los cinco. En respuesta a una pregunta de la jueza, Miller había dicho al tribunal que el gobierno esperaba que la reducción de las sentencias calmaría la "conflictividad" y el "ruido" en torno al caso.

Al imponerle a Fernando González una sentencia apenas reducida, la jueza Lenard se hizo eco de los argumentos de la fiscal federal respecto a actos de "vigilantismo de un gobierno extranjero". Ella dijo que "los gobiernos extranjeros necesitan saber que dichas actividades no serán toleradas" en Estados Unidos. Destacó la reciente "tragedia en Fort Hood"* y dijo que la "protección de los derechos constitucionales de los ciudadanos y la

* Se refiere a la muerte de 13 soldados estadounidenses en la base de Fort Hood, Texas, el 5 de noviembre de 2009. El mayor Nidal Malik Hasan, un psiquiatra del ejército que es musulmán y de ascendencia palestina, fue acusado de la matanza. Un juicio, programado para marzo de 2012, ha sido aplazado.

seguridad de las instalaciones y el personal militar estadounidenses" eran fundamentales para los intereses de seguridad nacional del país.

Según lo expresa claramente la declaración emitida a la prensa por Antonio Guerrero, Ramón Labañino y Fernando González inmediatamente después de las audiencias de hoy (ver el artículo adjunto), las reducciones de las sentencias que se han logrado para tres de los acusados ponen a todos en mejores condiciones para incrementar la lucha por la libertad de todos los cinco.

21 DE DICIEMBRE DE 2009

CINCO CUBANOS: 'SEGUIREMOS HASTA LA VICTORIA'

La siguiente declaración fue distribuida a la prensa después de las audiencias de resentencia para Fernando González y Ramón Labañino que se celebraron en Miami el 8 de diciembre de 2009.

Queridos hermanos y hermanas de Cuba y el mundo:

Ya hemos cumplido más de 11 años en prisión sin que se haya hecho justicia en ninguna de las instancias del sistema judicial estadounidense.

Tres de nosotros fuimos trasladados a Miami para ser resentenciados, cumpliéndose una orden del Onceno Circuito de la Corte de Apelaciones de Atlanta, que determinó que nuestras sentencias habían sido erróneamente impuestas.

Nuestro hermano Gerardo Hernández, quien cumple dos cadenas perpetuas más 15 años en prisión, ha sido arbitrariamente excluido de este proceso de resentencia. Su situación continúa siendo la principal injusticia en nuestro caso. El gobierno de Estados Unidos conoce la falsedad de las acusaciones contra él y lo injusto de su condena.

Este ha sido un proceso complejo, muy discutido en cada detalle, en el que participamos junto a nuestros abogados. No cedimos ni un ápice en nuestros principios, decoro y honor, defendiendo siempre nuestra inocencia y la dignidad de nuestra patria.

Al igual que al momento de nuestro arresto y en otras ocasiones durante estos largos años, ahora también hemos recibido propuestas de colaboración del gobierno de Estados Unidos a cambio de obtener sentencias más benévolas. Una vez más rechazamos tales propuestas, algo que jamás aceptaremos bajo ninguna circunstancia.

En los resultados de estas audiencias de resentencia está presente la labor del equipo legal y la indestructible solidaridad de todos ustedes.

Como hecho significativo el gobierno de Estados Unidos, por primera vez después de 11 años, se vio obligado a reconocer que no causamos daño alguno a su seguridad nacional.

También por primera vez la fiscalía reconoció públicamente la existencia de un fuerte movimiento internacional en apoyo a nuestra inmediata liberación que afecta la imagen del sistema judicial de los Estados Unidos ante la comunidad internacional.

Se confirma una vez más el carácter absolutamente político de este proceso.

Nos castigan a los cinco por acusaciones que jamás han sido probadas. Aunque tres sentencias fueron reducidas parcialmente, la injusticia se mantiene con todos.

Los terroristas cubanoamericanos continúan disfrutando de total impunidad.

Reiteramos: ¡Los cinco somos inocentes!

Nos sentimos profundamente conmovidos y agradecidos por la permanente solidaridad que nos brindan, tan decisiva en esta larga batalla por la justicia.

Junto a ustedes continuaremos hasta la victoria final, que solo será conquistada con el regreso de los cinco a la patria.

Antonio Guerrero Rodríguez
Fernando González Llort
Ramón Labañino Salazar
21 DE DICIEMBRE DE 2009

CUBA IMPULSA LUCHA POR EL REGRESO DE RENÉ GONZÁLEZ

Por Michel Poitras

René González, uno de los cinco revolucionarios cubanos presos en Estados Unidos con sentencias draconianas, fue excarcelado el 7 de octubre de 2011 tras cumplir más de 13 de los 15 años de su condena. El 16 de septiembre la jueza federal de distrito Joan Lenard rechazó una petición de González para que pudiera regresar a Cuba y cumplir en su propio país los tres años de libertad supervisada que son parte de su sentencia.

Su moción, presentada en febrero pasado, se basa en el hecho de que él no tiene parientes cercanos en Estados Unidos y que el gobierno norteamericano le ha negado repetidamente una visa a su esposa, Olga Salanueva, para visitarlo.

Lenard dictaminó que una decisión sobre la petición de González sería "prematura" antes de que transcurriera un período de experiencia de "libertad supervisada".

Phil Horowitz, abogado de González, explicó en una entrevista telefónica el 27 de septiembre que las condiciones de la excarcelación de González, incluido donde vive, están en manos de la Oficina Federal de Libertad Provisional.

En las últimas semanas, la batalla por la libertad de los cinco cubanos, donde hay mucho en juego, ha recibido un nivel excepcional de atención pública.

Durante un viaje que hizo a La Habana del 7 al 14 de septiembre, Bill Richardson, ex gobernador de Nuevo México, presentó una oferta de la Casa Blanca de eximir a González de la libertad supervisada a cambio de que el gobierno cubano acepte excarcelar a Alan Gross, un ciudadano estadounidense que está cumpliendo 15 años de cárcel en Cuba por distribuir sofisticados equipos de satélite como parte de una operación encubierta del Departamento de Estado para socavar al gobierno cubano.

Cuba rechazó la propuesta cuando Richardson describió a Gross ante la prensa como "rehén" de Cuba y arrogantemente juró permanecer en Cuba hasta poder reunirse con Gross. "Cuba es un país soberano que no acepta chantajes, presiones ni prepotencias", afirmó Josefina Vidal del Ministerio de Asuntos Exteriores de Cuba. Dos días después del viaje de Richardson, la jueza Lenard decidió no eximir a González de sus instrucciones de que cumpla la libertad supervisada en Estados Unidos. La petición de González había estado pendiente desde febrero.

En una entrevista con editores y reporteros del *New York Times* publicada el 23 de septiembre, el ministro de relaciones exteriores de Cuba, Bruno Rodríguez Parrilla, contestó preguntas relativas a la excarcelación de Gross: "Les puedo decir que la agenda presentada al gobierno de Estados Unidos —y reitero aquí que todavía está sobre la mesa— incluía el tema de los Cinco, aunque entendemos que, ya que es un tema relacionado con la justicia, también tiene un carácter humanitario".

"No veo forma alguna en la que podamos avanzar hacia una solución del caso de Gross sino desde un punto de vista humanitario, y sobre la base de la reciprocidad", añadió Rodríguez.

En una entrevista anterior con el *Militante*, el abogado defensor Horowitz recalcó que a los acusados que tienen doble ciudadanía —como González, que tiene ciudadanía estadounidense y cubana— frecuentemente se les permite cumplir su libertad supervisada fuera de Estados Unidos.

González ha ofrecido renunciar a su ciudadanía estadounidense después de ser excarcelado en caso de que se llegara a un acuerdo que le permitiera regresar a Cuba ese mismo día.

24 DE OCTUBRE DE 2011

ERRORES DEL ABOGADO DEFENSOR Y NUEVAS PRUEBAS SON BASE DE APELACIÓN DE HERNÁNDEZ

Por Michel Poitras

Gerardo Hernández es uno de los cinco revolucionarios cubanos presos en cárceles norteamericanas desde 1998 que han presentado mociones de *habeas corpus* en la corte federal para que se anulen los veredictos de culpabilidad y las sentencias que recibieron en 2001 por cargos amañados de conspiración. Ya que la Corte Suprema hace dos años rehusó considerar toda apelación de Hernández y sus cuatro compañeros, las mociones de habeas corpus son la única opción judicial que queda en la lucha contra el caso amañado y por su libertad.

El gobierno norteamericano, al acusar a Hernández de conspiración para cometer asesinato, pretendió vincularlo a la acción tomada por la fuerza aérea cubana el 24 de febrero de 1996 cuando derribó dos avionetas que habían penetrado el espacio aéreo cubano. Cuatro pilotos murieron. El vuelo fue organizado desde territorio norteamericano

Gerardo Hernández, 2008.

por Hermanos al Rescate, una organización contrarrevolucionaria, con sede en Miami, que había violado repetidamente el espacio aéreo cubano a pesar de las protestas que La Habana le transmitió oficialmente a Washington y sus advertencias sobre las consecuencias.

En su petición de habeas corpus entablada el 12 de octubre de 2010, Hernández sostiene que el dictamen de culpabilidad y la sentencia que recibió deben ser anuladas, entre otras razones, porque no recibió una defensa adecuada en su juicio.

En su respuesta del 25 de abril de 2011, los abogados del gobierno se opusieron a la moción de habeas corpus y a la solicitud de una audiencia donde Hernández podría presentar nuevas pruebas. Argumentaron que para el juicio de 2001 el tribunal había "nombrado a un abogado criminalista, Paul McKenna, quien defendió hábilmente [a Hernández] con mucha energía, lealtad y competencia profesional, superando fácilmente el requisito mínimo de ayuda eficaz de un abogado".

Sin embargo, ese no es el criterio de McKenna, como lo explicó en una declaración jurada (un affidávit) que presentó el 15 de agosto de 2011 en apoyo a la moción de habeas corpus de Hernández. "El juicio a Hernández fue más complejo que cualquier otro caso que yo he defendido", escribió McKenna, "con hechos inusuales, novedosas cuestiones legales y un proceso de muy alto perfil".

McKenna explicó por qué el dictamen de culpabilidad y la sentencia contra Hernández deben ser revocados. Él nunca contempló ni discutió con su cliente "la posibilidad de entablar una moción a nombre de Hernández pidiendo separar [el cargo de conspiración para cometer asesinato] del resto de los alegatos en su contra".

Un juicio separado, explicó Hernández en una declaración jurada el 16 de marzo de 2011, le habría permitido dar testimonio en nombre propio sin verse obligado a presentar testimonio en respuesta a los otros cargos que él y sus coacusados enfrentaban. En un juicio separado Hernández también podría haber llamado a uno o más de sus coacusados a testificar, sin que tuvieran que renunciar a la protección contra la autoincriminación garantizada por la Quinta Enmienda a la Constitución.

"Si lo hubiera sabido, habría insistido en que mi abogado hiciera todo lo posible para que yo obtuviera un juicio independiente por ese cargo", enfatiza Hernández en la declaración. Después describe detalladamente el testimonio que hubiera presentado para rebatir las pruebas que los fiscales utilizaron contra él.

McKenna dice en su affidávit que durante el juicio pensaba "que si yo podía demostrar que el derribo había ocurrido en el espacio aéreo cubano, mi cliente tendría una defensa viable" ante el cargo de conspiración para cometer asesinato, ya que era "un acto justificable del gobierno cubano".

"Ahora creo que mi decisión de seguir esta línea de argumentación —la cual era imposible de probar en materia de hechos y que es de dudosa pertinencia en material legal— tuvo como consecuencia un fallo de culpabilidad contra cliente, ya que nuestra presentación minó nuestra credibilidad y enfocó al jurado en las acciones del gobierno de Cuba", escribió McKenna.

De hecho, como explicó el actual abogado de

Defienden a los Cinco Cubanos en mitin en Miami

FOTOS DE DEAN HAZLEWOOD/MILITANTE

MIAMI—Unas 80 personas se dieron cita aquí el 18 de septiembre de 2011 en un evento de solidaridad con los Cinco Cubanos organizado por la Alianza Martiana, coalición de organizaciones cubanoamericanas que se oponen a la política de Washington hacia Cuba. El dictamen de la jueza Joan Lenard de que René González debe permanecer en Florida tras su excarcelación el 7 de octubre lo convierte en "un nuevo momento de compromiso" para todos los partidarios de esta lucha, dijo Andrés Gómez (recuadro), presidente de la Brigada Antonio Maceo. También hablaron Max Lesnik, presidente de la Alianza Martiana, y Elena Freyre de la Fundación para la Normalización de Relaciones entre Cuba y Estados Unidos. Los partidarios de los Cinco Cubanos decidieron incrementar sus actividades a nivel mundial entre el 12 de septiembre y el 6 de octubre.

—NAOMI CRAINE

Hernández, Richard Klugh, en una conferencia de prensa el 12 de septiembre, McKenna nunca siguió la línea de defensa que podría haber llevado a la exoneración: simplemente que "Gerardo nunca estuvo implicado" en el derribo de las avionetas.

Por último, McKenna escribió en su affidávit que durante el juicio había actuado pensando que "la Corte iba a emitir instrucciones afirmando que la fiscalía estaba obligada a demostrar que mi cliente había tenido la intención de que el derribo se produjera en aguas internacionales, un nivel de pruebas que, según reconoció el propio gobierno, era "insalvable". Sin embargo, McKenna escribió en su declaración jurada que cuando el juicio estaba en marcha él no se percató que la jueza no emitió dicha instrucción, y que solo dio instrucciones al jurado respecto a los cargos de asesinato y conspiración.

"Mis errores antes y durante el juicio," escribió McKenna, "le permitieron al gobierno declarar culpable a mi cliente a pesar de no tener pruebas directas de intención criminal de parte del acusado".

En la conferencia de prensa del 12 de septiembre, Klugh señaló que el "reconocimiento muy franco" de McKenna de que Hernández no había recibido la defensa competente a la que tenía derecho ofrece un argumento sólido para anular la decisión de la corte sobre su culpabilidad y la sentencia de cadena perpetua.

Mary-Alice Waters contribuyó a este artículo.

10 DE OCTUBRE DE 2011

PERIODISTAS A SUELDO DEL GOBIERNO ATIZARON PREJUICIOS EN EL JUICIO A LOS CINCO CUBANOS

Por Michel Poitras

En uno de los frentes actuales de la lucha judicial de los Cinco Cubanos para revocar sus condenas amañadas, se ha expuesto el hecho de que algunos de los reporteros que escribieron artículos engañosos e incendiarios sobre el caso durante el juicio en Miami estaban en esos momentos a sueldo del gobierno de Estados Unidos.

Cuatro de los cinco revolucionarios cubanos han presentado mociones de *habeas corpus* basados en el hecho, desconocido por ellos y por sus abogados al momento del juicio, de que el gobierno pagó miles de dólares a periodistas en Miami que escribieron artículos ficticios y perjudiciales que los privaron del derecho al debido proceso y a un juicio imparcial.

En septiembre de 2006 el *Miami Herald* publicó un artículo de primera plana con el encabezado "10 periodistas de Miami reciben pagos del gobierno", informando por primera vez que periodistas conocidos en la zona de Miami que cubrieron el caso, entre ellos algunos que escribieron para el *Miami Herald* y su edición en español, el *Nuevo Herald*, habían recibido remuneración de la Oficina de Transmisiones a Cuba, una oficina de la Junta de Gobernadores de Transmisiones, la agencia del gobierno federal que se encarga de todas las transmisiones internacionales no militares patrocinadas por Washington.

La Oficina de Transmisiones a Cuba dirige la operación de Radio Martí y TV Martí, emisoras del gobierno con un presupuesto anual de 30 millones de dólares que transmiten propaganda contrarrevolucionaria hacia Cuba y en el sur de Florida.

Según la respuesta presentada por Antonio Guerrero el 16 de agosto de 2011 a la réplica del gobierno a su moción de habeas corpus, el periodista Ariel Remos recibió por lo menos 11 750 dólares durante el juicio; él publicó al menos 15 artículos, antes y durante el proceso, en el *Diario las Américas*, un diario en español con una tirada de más de 45 mil ejemplares en el sur de la Florida. En un reportaje fabricado, titulado "Castro representa un reto continuo a la seguridad de EE.UU.", Remos informó falsamente desde el juicio que había una supuesta "orden de la inteligencia cubana a uno de sus agentes de encontrar un lugar en el sur de la Florida por donde desembarcar explosivos y armas", las cuales, según afirmaba el artículo, "pudieran ser armas químicas o bacteriológicas".

Según información obtenida del gobierno bajo la Ley de Libertad de Información, por una solicitud del Comité Nacional por la Libertad de los Cinco Cubanos, Julio Estorino trabajó para Radio Martí de 1998 a 2001, aunque no se ha revelado cuánto se le pagó por los servicios prestados durante el juicio.

En la edición del 5 de enero de 2001 del *Diario las Américas*, más de un mes después de que comenzara el juicio, Estorino escribió, "Por si no bastara con la vesania demostrada al derribar los aviones de Hermanos al Rescate sobre aguas internacionales, con alevosía y frío cálculo, salen a la luz ahora los esfuerzos de los servicios secretos del castrato por encontrar puntos de infiltración de armas y explosivos en las costas de este país, tarea que específicamente encargaron a algunos de los implicados en esta red de espías".

A fines de marzo de 2011, los abogados de Antonio Guerrero entablaron una moción de habeas corpus que pedía un nuevo juicio basado en los pagos del gobierno a los periodistas. En respuesta, el gobierno instó a la corte a que rechazara la moción, alegando que esta cita solo un pequeño número de artículos y que carece de "fundamentos de hechos" porque no muestra cómo estos artículos predispusieron al jurado, con el cual la "corte tomó medidas para aislarlos de influencias externas".

Según documentan las declaraciones juradas presentadas por los acusados, no se conoce la envergadura de la campaña de propaganda de Washington porque los funcionarios norteamericanos han denegado las solicitudes de entregar los nombres de todos los periodistas que estaban a sueldo del gobierno y las sumas que recibieron.

La información limitada que se ha obtenido del gobierno muestra que cinco periodistas recibieron más de 80 mil dólares durante el juicio y que siete reporteros recibieron un total de 370 mil dólares en diferentes momentos desde 1999.

Violan derechos constitucionales

El arresto y el juicio de los Cinco Cubanos se caracterizó por violaciones —cada vez más comunes en este país— de los derechos garantizados por las 10 primeras enmiendas a la Constitución estadounidense. Estas violaciones incluyen el allanamiento de sus hogares por el FBI, el uso de pruebas a las que se les negó a los abogados defensores el mismo acceso que a los fiscales, la supresión de pruebas necesarias para su defensa, y el confinamiento solitario extremo antes del juicio con el propósito de quebrar su moral y obstaculizar la preparación de su defensa.

La corte rechazó siete mociones de los abogados de los cinco solicitando el traslado del juicio a un sitio fuera del Condado Miami-Dade, donde enfrentaban un ambiente especialmente marcado por prejuicios. Washington se opuso insistentemente a todo intento de cambiar la sede.

De hecho, desde el momento de los arrestos, voceros del gobierno estadounidense promovieron hostilidad pública con sus declaraciones de que los cinco integraban una "red de espías cubanos" que "amenaza la seguridad nacional". Aunque hoy día son mucho más débiles que en años anteriores, grupos derechistas cubanoamericanos conocidos por sus acciones violentas contra quienes tachan de simpatizantes de la Revolución Cubana organizaron protestas en Miami durante el juicio, incluso en la escalinata de la corte el primer día de la selección del jurado.

Algunos candidatos al jurado se manifestaron preocupados por lo que podría pasar si absolvían a los revolucionarios cubanos. Durante el juicio, algunos jurados se quejaron de que se sentían acosados por estaciones de televisión derechistas que los filmaban entrando y saliendo de la corte, siguiéndolos hasta sus autos, y que inclusive habían filmado las placas de sus vehículos.

"Precisamente cuando el gobierno insistía en que el juicio debía realizarse en Miami", dijo Richard Klugh, abogado de Gerardo Hernández, en una conferencia de prensa el 22 de marzo de 2011, estaba "inundando los medios de difusión locales con dinero para financiar mensajes anticubanos, anticastristas y en contra de los Cinco Cubanos. Fue una negación fundamental de un debido proceso judicial".

En 2005 un panel de tres jueces del Onceno Circuito de la Corte de Apelaciones en Atlanta anuló el dictamen de culpabilidad contra los cinco revolucionarios. Afirmó que "la 'tormenta perfecta' creada por la publicidad antes del juicio en torno a este caso" los había privado del derecho al debido proceso, y mandó realizar un nuevo juicio. El gobierno apeló el fallo, que un año después fue revocado por el pleno del tribunal de 12 jueces, con una opinión fuertemente discrepante.

En el fallo de 2006 el tribunal afirmó, "Ningún aspecto del historial del juicio indica que 12 miembros justos e imparciales del jurado no puedan ser reunidos por el juez del juicio para procesar a los acusados de manera justa e imparcial".

Las mociones de habeas corpus han sido entabladas ante la jueza Joan Lenard, quien

TERRY COGGAN/MILITANTE

Manifestantes frente al consulado estadounidense en Auckland, Nueva Zelanda, reclaman libertad para los Cinco Cubanos, 12 de junio de 2008.

presidió el juicio de 2001. Basándose en el fallo de 2006, los fiscales del gobierno argumentaron, en su respuesta a la moción de Hernández, que ya se resolvió la cuestión de la sede del juicio y que no hay nada nuevo que merezca examinarse. Instaron a la jueza a que rechazara tanto las mociones de habeas corpus como las solicitudes de audiencias evidenciarias.

Fernando González también entabló una moción de habeas corpus. Una vez que se hayan presentado todas las mociones, declaraciones juradas y respuestas, la fecha del fallo está a la discreción de la jueza. [El 6 de diciembre de 2011, los fiscales del gobierno respondieron a las mociones de González y Labañino. Afirmaron que los argumentos de estos "carecen de mérito" y "no muestran que sufrieron prejuicios".]

Mary-Alice Waters contribuyó a este artículo.

17 DE OCTUBRE DE 2011

GOBIERNO EE.UU. DIVULGA VISITA DE OLGA SALANUEVA A PRISIÓN EN 2010

Por Louis Martin y Doug Nelson

Documentos judiciales que se emitieron recientemente sobre la petición del revolucionario cubano René González para regresar a su país —ahora que ha cumplido su sentencia en Estados Unidos— destacan claramente esta realidad: Washington está empeñado en imponerles el precio más elevado posible a los hombres y a las mujeres de Cuba que hicieron y que continúan defendiendo una revolución socialista a 90 millas de Estados Unidos.

El 7 de octubre de 2011, habiendo cumplido más de 13 años de prisión, González fue excarcelado. Desde entonces se ha visto obligado a permanecer en Estados Unidos, cumpliendo tres años de "libertad supervisada" bajo la vigilancia de la oficina federal de libertad provisional.

En febrero de 2011 los abogados de González presentaron una solicitud inicial para que se le permitiera regresar a Cuba al salir de la cárcel, y de cumplir la libertad condicional allí. La moción fue rechazada en septiembre de 2011 como "prematura" por la jueza de distrito federal Joan Lenard, la jueza original del juicio contra los Cinco.

El 22 de junio de 2012 el abogado de González, Philip Horowitz, presentó una nueva solicitud para su regreso a Cuba. El 16 de julio los fiscales federales le pidieron a Lenard que rechazara esa solicitud también, y el 30 de julio Horowitz presentó una réplica a los argumentos del gobierno.

El obligar a González a permanecer en Estados Unidos no solo lo mantiene aislado de su familia, señaló Horowitz. También lo expone al peligro de represalias por parte de fuerzas hostiles a la Revolución Cubana. Citó como prueba una reciente amenaza de muerte contra González en un programa de radio en Miami que recibe llamadas de los oyentes.

González está obligado a notificar de su estado legal a cada nueva persona que conoce, lo que revelaría su identidad, explicó Horowitz. Esto le ha impuesto un aislamiento extraordinario, ya que "no puede hacer amistad con sus vecinos más inmediatos, o siquiera establecer alguna forma de amistad informal".

González no ha podido obtener una licencia de manejo porque el estado de Florida requiere que revele su dirección. Hasta su "acceso al cuidado médico era notablemente e inesperadamente mucho mejor en la cárcel que lo que podría ser en las condiciones actuales".

El aislarlos de sus familias ha formado parte, desde el principio, de la política de Washington de intensificar al máximo las condiciones punitivas impuestas a los Cinco Cubanos.

En el caso de González, su esposa Olga Salanueva, sus dos hijas y sus padres viven en Cuba. En noviembre de 2000, en vísperas del juicio a los Cinco, el gobierno norteamericano deportó a Salanueva para presionar a González. Posteriormente, funcionarios norteamericanos la declararon "permanentemente" excluida del país y le han denegado cada solicitud de visa.

Los recientes documentos judiciales divulgan públicamente por primera vez que las autoridades norteamericanas le permitieron a Salanueva regresar a Estados Unidos para visitar a González en la prisión en una ocasión: en noviembre de 2010, bajo las condiciones de una "acomodación" especial. La visita fue "más traumática de lo normal", dijo el abogado defensor Richard Klugh al *Militante*.

La declaración jurada que presentó Horowitz señala que la visita ocurrió "bajo las condiciones más onerosas". Aunque a Salanueva "se le permitió viajar con sus hijas, las mantuvieron separadas durante la visita". Fue "confinada a un hotel con guardias armados, y solo pudo ver a su esposo

René González, Olga Salanueva y sus hijas Irma (izquierda) e Ivette (derecha), durante la breve visita de René a La Habana, abril de 2012.

brevemente antes de ser regresada a Cuba".

La visita fue permitida como parte de una "acomodación diplomática confidencial" entre los gobiernos de Estados Unidos y Cuba "a cambio de una visita familiar para un prisionero estadounidense recluido en Cuba", señaló una respuesta entablada a nombre de González. El acuerdo de "mantener este asunto privado" fue violado por los abogados del gobierno de Estados Unidos en documentos presentados a la corte en marzo de 2011, que pedían rechazar la petición de González de regresar a Cuba después de su excarcelación. Citaron la visita como prueba de que no le estaban negando a González visitas con su esposa. En esa ocasión no se divulgó la declaración jurada de los fiscales de marzo de 2011.

"El hecho de que se concediera una visita a la prisión no debe emplearse para negarle su derecho de estar con su familia después de la excarcelación", dijo el abogado defensor Klugh al *Militante*. Eso representa una "violación sin precedentes de las normas de derechos humanos".

Los propios abogados del gobierno dejaron claro el carácter punitivo de la libertad supervisada de González, dijo Klugh, cuando incluso "se opusieron a la solicitud del acusado de visitar a su hermano que se estaba muriendo en La Habana". La corte federal aprobó la solicitud, rechazando las objeciones del gobierno. En abril González recibió permiso para pasar dos semanas en Cuba para ver a su hermano Roberto, quien falleció de cáncer dos meses después.

El "prisionero estadounidense" recluido en Cuba mencionado antes en los documentales judiciales es Alan Gross, un contratista de la Agencia para el Desarrollo Internacional (AID) del Departamento de Estado norteamericano, arrestado en Cuba en 2009 mientras hacía su quinta visita allí para instalar equipos especializados de comunicaciones por satélite para ciertos individuos. Él está cumpliendo una sentencia de 15 años por "actos contra la independencia o la integridad territorial del estado". Se le permitió a su esposa, Judy Gross, visitarlo en agosto de 2010. Los dos pudieron gozar de un fin de semana solos en la privacidad de una casa en la playa de Tarará.

Los abogados del gobierno argumentan que la petición de González de completar la libertad supervisada en Cuba es esencialmente una petición para "ponerle fin". Y eso no se puede contemplar antes de que cumpla por lo menos "un año". Además, afirman que el pleno cumplimiento de los requisitos de la libertad condicional no corresponde a la "conducta excepcionalmente buena" que buscan las cortes.

Los abogados del gobierno afirman que por ser ciudadano estadounidense —González tiene doble ciudadanía— él debe cumplir su libertad supervisada en Estados Unidos. Rechazan la oferta de González de renunciar a su ciudadanía norteamericana si le permiten regresar a Cuba, diciendo que esa oferta "no se puede hacer cumplir". González dice que no la renunciará antes de regresar a Cuba, porque de otra manera sería encarcelado nuevamente y detenido por tiempo indefinido en espera del proceso de deportación.

Uno de los principales argumentos del gobierno para denegar la petición es el hecho de que González "se mantuvo resuelta y expresamente impenitente durante y después de su juicio". En su documento el gobierno citó dos pasajes de lo que calificaron como "la virulenta declaración que González hizo en la vista de sentencia y su explícita insistencia en el derecho de continuar mejorando el mundo de la manera que le parezca bien".

"Solo puedo sentirme orgulloso de estar aquí, y solo puedo agradecer a los fiscales por darme esta oportunidad de confirmar que estoy en el camino correcto, que el mundo tiene todavía que mejorar mucho", dijo González en día de su sentencia el 14 de diciembre de 2001. "Quisiera creer que usted entenderá el que yo no tenga razones para el arrepentimiento".

La jueza Lenard, quien impuso la sentencia original, dictaminará sobre la petición de González de regresar a Cuba.

10 DE SEPTIEMBRE DE 2012

'MIS AÑOS EN ESTADOS UNIDOS ME ENSEÑARON ACERCA DEL CAPITALISMO'

Por Olga Salanueva

En la siguiente entrevista Olga Salanueva, esposa de René González, relata algunas de sus vivencias como trabajadora inmigrante en Estados Unidos, donde vivió y trabajó cuatro años antes de ser deportada a Cuba, su país de origen. Su historia es una experiencia con la cual se identificarán millones de trabajadores en Estados Unidos, tanto inmigrantes como no inmigrantes.

En diciembre de 1990 René González, piloto experimentado e instructor de vuelo, "robó" una avioneta fumigadora y voló de Cuba a Cayo Hueso, Florida, donde las autoridades norteamericanas y otros opositores de la revolución le dieron una bienvenida como "desertor cubano". Se integró al grupo contrarrevolucionario Hermanos al Rescate cuando este se fundó al año siguiente. González recogió inteligencia sobre los planes de acción de ese grupo contra Cuba, que incluían vuelos más y más provocadores en espacio aéreo cubano y lanzamientos de volantes sobre La Habana.

PRENSA LATINA/SINAY CÉSPEDES MORENO

Olga Salanueva (derecha) y Magali Llort, madre de Fernando González, hablan en Caracas, Venezuela, sobre lucha por la libertad de los cinco revolucionarios cubanos presos en Estados Unidos, septiembre de 2011.

En septiembre de 1998, agentes del FBI arrestaron a González y a sus cinco compañeros. Acusado de no registrarse como agente de un gobierno extranjero y de conspiración para actuar como agente extranjero no registrado, él fue condenado a 15 años de cárcel más tres años de "libertad supervisada".

En agosto de 2000, cuando el caso de los Cinco Cubanos estaba a punto de ir a juicio, la policía federal arrestó a Salanueva, y amenazó con revocar su condición de residente permanente y deportarla. Era un intento claro de chantajear a González para que diera testimonio contra sus cuatro compañeros. Al fracasar en ese intento, los funcionarios norteamericanos cumplieron su amenaza y deportaron a Salanueva.

Desde que fue deportada, Washington le ha denegado a Salanueva cada una de sus solicitudes de visa para visitar a su esposo, acusándola de representar un peligro a la "seguridad nacional" de Estados Unidos, o de ser una agente cubana de inteligencia, o hasta de estar vinculada al "terrorismo". En 2008 las autoridades estadounidenses declararon que estaba "permanentemente" excluida de recibir una visa. Salanueva vive en La Habana con sus dos hijas, Irmita, de 28 años, e Ivette, de 14.

En abril de 2012 la jueza federal Joan Lenard en Miami permitió que González regresara por dos semanas a visitar a su hermano Roberto, quien padecía de cáncer terminal y falleció dos meses más tarde.

Junto con las esposas, las madres, las hermanas, los hijos y otros familiares de los cinco revolucionarios presos, Olga Salanueva ha sido una abanderada infatigable de la lucha internacio-

René González en la prisión federal de Marianna, Florida, durante visita de sus hijas Ivette (izquierda) e Irmita en 2008.

nal por la libertad de los cinco, hablando desde tribunas por toda Cuba y el mundo.

La entrevista fue realizada por Mary-Alice Waters, Róger Calero y Martín Koppel.

MARY-ALICE WATERS: Olga, primero cuéntanos, ¿cuándo llegaste por primera vez a Estados Unidos y bajo qué condiciones?

OLGA SALANUEVA: Llegué el 28 de diciembre de 1996. René es ciudadano norteamericano, ya que él nació allá, así que pudo patrocinarme a mí y a nuestra hija Irmita para obtener la residencia legal.

René se había ido para Estados Unidos en 1990. Al reunirnos ahí, nuestra familia se sintió feliz de poder estar todos juntos y de reanudar los planes aplazados por una larga separación de seis años, como la de tener un nuevo hijo. Pero paralelamente con esa alegría, comencé una nueva etapa inolvidable en mi vida.

Como pasa con muchos inmigrantes, para yo entrar a Estados Unidos, René tuvo que firmar un documento, un affidávit, diciendo que se responsabilizaba de mis gastos, que yo no iba a ser una "carga a la sociedad".

Es irónico, porque si una persona llega a Estados Unidos de forma legal, reclamada por un ciudadano norteamericano, no le dan las facilidades que les dan a los cubanos que llegan por una lancha bajo la llamada Ley de Ajuste Cubano.[1]

Si llegas por una lancha sin documentos, el gobierno de Estados Unidos te ofrece trabajo, un año de seguro médico, un estipendio. Eso es solo a los cubanos, por supuesto.

Yo no hablaba inglés, y tenía que buscar trabajo por mi propia cuenta. Vivíamos en Kendall, en la parte sudoeste de Miami. Al principio no tuve mucha suerte. La oficina de empleo me decía que yo no calificaba. Que no sabía el idioma. Que eran trabajos más bien para hombres: construcción y cosas así.

Vendiendo servicios funerarios

WATERS: ¿Qué estudiaste en Cuba?

SALANUEVA: Soy ingeniera industrial, y además estudié contabilidad. Pero en Estados Unidos no te convalidan el título. Tienes que obtener un certificado de equivalencia, y primeramente tienes que aprender inglés. Prácticamente tienes que volver a hacerlo. Yo hice un curso de contabilidad y también de computación para mejorar mis posibilidades.

Primero conseguí trabajo en un asilo para cuidar ancianos. Por supuesto, era un negocio particular. Ahí duré tres días. Cuando René vio las condiciones allí —los paños sucios, las sábanas orinadas y las muchas largas horas que yo trabajaba— dijo, "Vámonos de aquí".

Después vi un anuncio de telemercadeo en una funeraria, y me contrataron. Ahí nos daban un listado de teléfonos, y los llamábamos uno por uno, para ofrecer los servicios funerarios: velorios, cremación, entierros, propiedades de cementerio.

Me di cuenta que en Estados Unidos, en lo que llaman una "democracia", debes tener dinero —o conseguirlo como sea— para tener al final de la vida un lugar donde puedan descansar tus restos y no ser una carga más para tu familia.

Cuando hacíamos las llamadas, teníamos que convencer a la gente de hacer una cita para que fuera el vendedor a verlos. Teníamos que hacer equis cantidad de citas, porque si no, te botaban.

Era un trabajo a tiempo parcial, no a tiempo completo. No teníamos derechos, seguro médico, vacaciones, no teníamos nada.

1. Bajo la Ley de Ajuste Cubano de 1966, el gobierno norteamericano permite que los cubanos obtengan la residencia permanente un año después de su llegada: una vía rápida a la ciudadanía estadounidense que no se ofrece a los inmigrantes de ningún otro país.

La mayoría de los trabajadores eran latinos. Algunas de las muchachas que trabajaban conmigo se habían ido de Cuba en balsa. Y algunas de ellas me contaban que se arrepentían de haberse ido.

MARTÍN KOPPEL: Decías que no tenían seguro médico. ¿Eso cómo les afectó?

SALANUEVA: Bueno, al cabo de más o menos un año, salí embarazada de Ivette. Como no teníamos seguro, tuvimos que pagar todas las primeras visitas médicas en efectivo.

Recordé mi primer embarazo en Cuba, donde la ley de protección a la maternidad me daba licencia por un año, recibiendo una parte de mi salario.

En Miami yo empecé a tener padecimientos que muchas veces acompañan el embarazo: estreñimiento y otros síntomas. Los médicos no me prestaron atención. Me dijeron que era normal, que tomara jugo. A los siete meses y medio del embarazo tuve problemas graves de hemorroides en que se formó un trombo, unos coágulos, y estaba necrosado. El dolor era tremendo.

René me acompañó al hospital Kendall. Vi el tratamiento que muchas veces se le da a una persona en Estados Unidos que llega a la sala de urgencias y no tiene seguro. Llegué con la barriga así de grande. Y con tanto dolor que no me podía ni sentar.

En cuanto entramos por la puerta, llamaron a René: "Por favor, su tarjeta de crédito". Le descontaron 300 dólares, y nos dijeron, "Siéntense ahí". Pero no me podía sentar. Entonces yo dando vueltas por ahí. Nos tuvieron esperando como dos horas y media. Si la sala hubiera estado llena de gente, se entendería. Pero no había nadie. Después me pasaron a otra oficina en la gastroenterología. Ahí también fue: "Présteme su tarjeta de Seguro Social". "¿Cuáles son sus ingresos? "¿Cuáles son sus gastos?" Yo con mi dolor, y ellos sacando cuentas.

Al final me dijeron que me vería el médico, pero no era un médico, era un enfermero. Me dio una pomada y unos calmantes. Me fui para la casa, rabiando, desesperada.

Entonces René se acordó que le había dado instrucciones de vuelo a un proctólogo que era dueño de una clínica. Se habían hecho amigos. Cuando René lo llamó por teléfono, el médico le dijo que era un crimen lo que habían hecho conmigo. Que había que operarme ya para evacuar los coágulos. Cuando le dijo René que no teníamos seguro, dijo, "Tráela para acá".

Ya había cerrado la clínica, pero dijo, "Yo voy a tratar de hacer algo". Yo estaba en una camilla, y ahí me evacuó eso.

Esa experiencia no la olvidaré. La gente dice que en Estados Unidos hay buenos hospitales, y es cierto, tienen una tecnología tremenda. Pero si no tienes dinero, no tienes acceso a ella.

El personal médico trata de ayudarte. Pero la mayoría de los hospitales son negocios. Su propósito es sacar ganancias, y los trabajadores de la salud son empleados. Si violan las reglas los despiden. El problema es todo el sistema.

Cuando nació Ivette

Pasó lo mismo cuando parí a Ivette, en mayo de 1998. Casualmente, René no estaba ahí, estaba pasando un curso en Texas. Yo acababa de llevarlo al aeropuerto cuando me entraron los dolores de parto.

Fui al hospital con una amiga del trabajo. Y volví a pasar la misma odisea: "Siéntese". "Deme los datos". Después de un rato me examinaron y me dijeron, "Usted no está de parto todavía. Váyase para su casa". Entonces me regresé a la casa, donde estaba yo sola con Irmita, que tenía 14 años. Me acuerdo que pasé toda la noche con dolores.

Cuando amaneció volví al hospital con mi amiga. Vine a parir a las 10 y media de la noche. Todo ese tiempo estuve prácticamente sola. Me pusieron un montón de aparatos para medir diferentes cosas. Había un médico que estaba atendiendo tres partos a la vez. Entraba una enfermera a revisarme cada hora, sin hablarme media palabra, y se iba. Entonces empezaron a acudir a mí las muchachas que trabajaban conmigo, jóvenes inmigrantes dominicanas y cubanas. Fueron ellas prácticamente las que me asistieron en el parto.

Yo tenía 38 años. Tenía la presión alta. Estuve de parto más de 24 horas. Cuando Ivette nació, venía con dos vueltas del cordón umbilical en la garganta. Yo tenía todos los requisitos para que me hicieran una cesárea de inmediato. Pero me dejaron ahí hasta que parí. Nos salvamos de puro milagro.

A Ivette la pasaron para cuidados especiales porque había nacido con poco oxígeno.

A mí me pasaron para la sala de posparto, sola.

LOCAL 1199, SEIU

Trabajadores en hospital Jackson en Miami protestan contra despidos y recortes que afectan el cuidado de pacientes, 20 de abril de 2011. Los hospitales en Estados Unidos "tienen una tecnología tremenda. Pero si no tienes dinero, no tienes acceso a ella", dijo Salanueva al describir sus experiencias.

Me pusieron una cuña para hacer las necesidades. En un brazo me ponían el suero y en el otro me tomaban la presión con un aparato. Estuve horas así, no me podía mover. Por fin una enfermera me ayudó a incorporarme para ir al baño, para bañarme.

Contraste con Cuba

Esto fue en el Jackson Memorial Hospital. Es el único hospital público en el condado de Miami-Dade, pero tiene muchos recursos y equipos. Y vino a mi mente: ¡Caballero, si en Cuba tuviéramos todo esto, lo que podríamos hacer, con nuestros médicos y la calificación que tienen! Y la manera en que se forma a los médicos, a las enfermeras, a otros trabajadores de la salud para tratarte como ser humano. Por eso el gobierno norteamericano no quiere que avancemos, por eso nos tienen bloqueados.

Yo me sentí mucho mejor aquí en Cuba, cuando parí a Irmita en el hospital ginecobstétrico Ramón González Coro en La Habana. Es un hospital pequeño, con los equipos que podemos tener, pero con una calificación profesional y una ética profesional increíble. Yo me acuerdo cuando parí, con tanto amor y todos me ayudaban.

RÓGER CALERO: ¿Qué pasó después de que nació Ivette?

SALANUEVA: A Ivette la cubría el seguro de Medicaid, por haber nacido en Estados Unidos, y yo la llevaba a la clínica cada mes. Cuando ya tenía un poco más de tres meses, nos dijeron los doctores que ella tenía un soplo en el corazón. Que podría ser grave y que había que atenderlo. Cada vez que iba a la consulta me decían que había que hacerle un ecocardiograma a la niña. Al final, unos meses después, me dijeron que había que operarla del corazón; ellos me recomendarían un especialista.

Yo me quedé atónita. ¡Qué situación! Ya René estaba preso. Yo había perdido la casa porque no podía pagar la hipoteca, y estaba viviendo en un pequeño apartamento. No tenía un centavo. Los doctores me dijeron que no me preocupara, que esto lo cubría el Medicaid.

Teté, la abuela de René, había empezado a cuidar a Ivette cuando a René lo arrestaron. Ella era ciudadana norteamericana y vivía en Sarasota, Florida, cuatro horas al noroeste de Miami. Teté me dijo, "Mira, aquí hay un hospital de niños muy bueno, y yo la voy a llevar a Ivette allí para que la revise un doctor".

Resultó que ese cardiólogo era muy buena persona. Se encantó con Ivette, y le hicieron todo tipo de exámenes. Y un día me llamó Teté y dijo que tenía una noticia que darme. Le había hablado el médico.

El le dijo, "Voy a empezar por la mala noticia: No voy a poder ver más a esta niña tan linda. La buena es que esta niña no tiene nada, no tiene ningún problema en el corazón".

Los otros médicos habían mentido. Era un fraude. Lo que querían era coger el dinero del Medicaid.

Yo después me pregunté mil veces, ¿Será verdad o no será verdad? Como yo crecí en Cuba, tan diferente de la sociedad capitalista, yo no concebía tanta maldad.

Cuando a mí me deportaron y regresó Ivette, lo primero que hice fue llevarla a un cardiólogo, porque todavía me quedaba la duda. Los médicos en La Habana confirmaron que la niña no tenía nada del corazón.

Cuba es un país de recursos limitados y está bloqueado económicamente por el gobierno de Estados Unidos. Aquí puede que falte un medicamento. Puede que los doctores tengan que cambiarlo por otro. Puede que el paciente esté grave hasta que llegue el medicamento.

Pero el problema nunca es falta de atención médica o indiferencia del gobierno. Se hace todo lo posible para asegurar el bienestar del pueblo.

WATERS: Nos describiste tu trabajo de telemercadeo con una casa fúnebre. ¿Cómo fueron tus otros empleos?

OLGA SALANUEVA: Ya cuando René fue arrestado en septiembre de 1998, yo ya no trabajaba vendiendo propiedades de cementerio y servicios de cremación. Ivette había nacido cuatro meses atrás, y yo perdí un mes de trabajo y me despidieron. En esa compañía no daban licencia de maternidad.

Primero empecé vendiendo hipotecas por teléfono. Después conseguí un telemercadeo para vender programas de inglés a inmigrantes de habla hispana.

WATERS: ¿Trabajabas desde la casa?

SALANUEVA: Yo trabajaba en la oficina desde las 12 del mediodía hasta después de las 11 de la noche, de lunes a viernes. Los sábados a veces me llevaba las cosas a la casa para llamar.

La compañía ponía unos insertos con la propaganda del programa de inglés en los periódicos gratuitos en español. Si mandabas la tarjetica de vuelta, te enviaban un "diccionario" gratis. Nosotros llamábamos a las personas que enviaban la tarjeta y les explicábamos que con un diccionario de inglés no iban a aprender inglés, sino que era necesario tener un programa, profesores y libros. Que tenían una gran suerte de haberse conectado con este programa de inglés, bla, bla, bla. Y ahí tratábamos de vendérselo.

El diccionario era muy pequeño, un panfleto. Cuando se lo mandé a René en la cárcel, él me dijo, "Es la primera vez en la vida que yo recibo un diccionario donde me sé todas las palabras. Esto no sirve para nada. Por eso es gratis".

En la compañía te daban técnicas de venta, te enseñaban cómo manipular a los clientes hasta que cayeran. Te enseñaban qué palabras decir y no decir, qué tono de voz usar y no usar.

Nos pagaban una comisión una vez que el cliente hacía el primer pago. Pero si después no cumplía con las mensualidades, te quitaban la comisión. Tenías que llamar al cliente y convencerlo de que pagara porque si no, te lo descontaban.

Tenías que preguntarle a la gente el nombre, la dirección, de dónde era. Nos decían que si uno sabe el lugar de dónde es la gente, te das cuenta si le vas a poder vender o no.

Aprende sobre vida de trabajadores

Yo terminé aprendiendo mucho sobre la vida de la gente. Por ejemplo, aprendí cómo los inmigrantes centroamericanos y mexicanos habían cruzado la frontera. Cómo vivían a veces muchos en un apartamentico. Cuáles eran sus sueños, sus problemas,

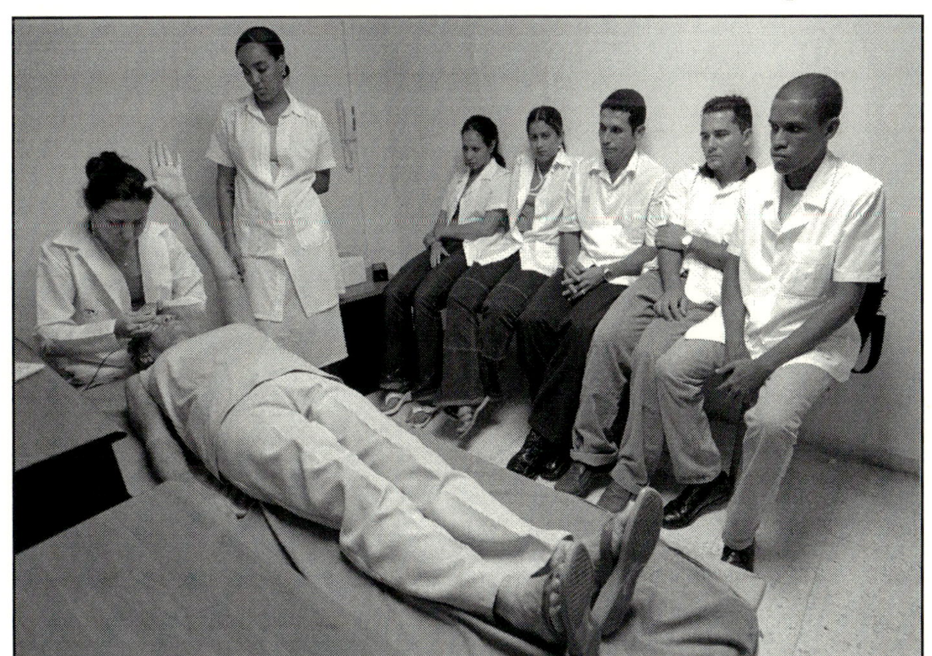

REUTERS/ENRIQUE DE LA OSA

Paciente recibe tratamiento de ojos en hospital de La Habana mientras estudiantes de medicina observan, septiembre de 2006. El programa cubano "Operación Milagro" ha restaurado la vista gratuitamente a más de un millón de latinoamericanos. En Cuba, a pesar de los recursos limitados, "a los trabajadores de la salud se los forma para que te traten como ser humano", dijo Salanueva.

por qué habían inmigrado: era siempre para ayudar a su familia, mandarles un dinerito.

El programa completo eran los audios, los videos y una grabadora. El audio era lo más barato. Cuando yo oía las cosas que me decían de su situación, yo les decía, "Mire, compre este con el audio, en definitiva el video usted no tiene tiempo ni para verlo".

Yo me decía: Si me cogen diciendo eso, ¡me van a botar! Pero era un crimen convencer a gente que gana un salario mínimo a comprar ese programa. No servía: nadie aprendía inglés con ese programa.

Yo odiaba esos telemercadeos. Por toda esa experiencia, odio los teléfonos y no me gusta llamar por teléfono.

Muchos de los que llamábamos trabajaban en labores agrícolas. Nunca se me olvida una de las respuestas. Yo les preguntaba, entre otras cosas, "¿Usted trabaja? ¿Cuál es su posición?"

Y esta señora contesta, "Bueno, la posición mía es agachada". Recogía fresas, agachada todo el día. ¡Ella pensaba que eso era lo que yo le estaba preguntando!

A veces preguntábamos si habían ido a la escuela. Recuerdo que las respuestas eran, por lo general: "No, pero sí estudié un poco". "Mis hermanos no tuvieron la oportunidad, pero yo sí". "Llegué hasta el tercer grado de primaria".

Me enteré de que iban empresarios norteamericanos a México a buscar trabajadores con contratos de seis meses para trabajar en la agricultura. Los ponen en un campamento donde no pueden salir. En algunos casos no les pagan dinero, les pagan en fichas, y con esas fichas tienen que comprar en las tiendas de los patrones. Eso yo lo recuerdo en la historia en los centrales azucareros de Cuba antes de la revolución. ¡Pero a estas alturas!

Le pregunté a uno de ellos, ¿Usted cómo se enteró de este programa de inglés?

Él dijo, "Un día me llevaron al mercado y lo encontré anunciado en un periódico. Necesito aprender inglés. Me preguntó, "¿Usted qué cree que haga?

Yo no pude evitar decirle lo que realmente pensaba. "Si usted quiere mi consejo, váyase, escápese de ahí. Es mejor ser un indocumentado que un esclavo".

Algunos indocumentados tenían documentos "chuecos", por supuesto. Les decíamos que solo les queríamos vender el programa y que nos podían dar el número de Seguro Social que tuvieran, y así inclusive podían abrirse un crédito en los bancos, que era otro de los ganchos.

Cuando cogieron presos a René y a los demás compañeros, el gobierno norteamericano hizo tanto lío de que algunos de ellos tenían documentación falsa. Les echaron unos años más a sus sentencias por tener documentación falsa.[2]

Pero hay millones de personas en Estados Unidos con documentación falsa. Lo que pasa es que a ellos les conviene tener a latinos indocumentados para trabajar en Estados Unidos. Hacen trabajos físicos duros, trabajan horas largas y con salarios bajos. Y cuando no les hace falta tantos, como ahora, por la situación económica, los deportan por determinados pretextos.

Arrestada por la migra

WATERS: ¿Qué pasó después del arresto de René?

SALANUEVA: A René lo llevaron al Centro de Detención Federal, donde estuvo 17 meses en el "hueco" [una celda de aislamiento].

Al principio no dejaban que lo visitaran las niñas. Los demás presos en las celdas de castigo podían bajar al salón de visitas cuando venían sus hijos. Pero a René no lo dejaban. Permitieron la primera visita solo después de nueve meses, cuando Ivette ya tenía 13 meses.

En febrero del 2000 sacaron a René del hueco, y entonces lo pude visitar una hora a la semana, hasta el 13 de agosto. En esa visita —el día de su cumpleaños— me habló de una carta que le había propuesto la fiscalía que firmara. Si él se declaraba culpable y participaba como testigo de la fiscalía, no lo llevarían a juicio y le darían una sentencia más corta. La carta le recordaba que yo tenía el status de residente permanente y que lo podían revocar. Por supuesto, René se negó a firmarla.

Tres días después, el 16 de agosto, me arrestaron.

2. Encima de las diversas acusaciones de "conspiración y otros cargos contra los cinco revolucionarios cubanos, los tres que no son ciudadanos norteamericanos —Gerardo Hernández, Ramón Labañino y Fernando González— fueron acusados de usar documentos de identidad falsos. A la hora de ser sentenciados, esos cargos agregaron cinco años o más a sus condenas.

AP/LUIS M. ÁLVAREZ

Obreros agrícolas siembran apio en Clewiston, Florida, 2007. Salanueva aprendió acerca de las condiciones de inmigrantes y otros trabajadores durante sus cuatro años en Estados Unidos. Ella misma fue deportada en 2000 cuando su esposo René González rehusó testificar contra sus cuatro compañeros en el juicio amañado.

Lo hicieron para presionarlo antes del juicio.

Se presentaron en mi casa dos agentes del Servicio de Inmigración y Naturalización y uno del FBI. Me quitaron el documento de residencia y me trasladaron al edifico de inmigración, donde me tomaron las huellas digitales y me tiraron fotos. Después me metieron en un carro para llevarme a la cárcel.

Calero: ¿Ibas esposada?

Salanueva: Sí, sí. Una mujer policía me acompañó en el carro. Ella hacía el papel de "policía buena". Me dijo que sabía el trabajo que yo había pasado los últimos dos años. "Una mujer sola, que acaba de tener un bebé, con una niña más grande. ¿Ha pasado mucho trabajo?" ¡Imagínense! Claro, ellos lo sabían todo.

Entonces la policía dijo, "Pero usted sabe que estas cosas se pueden arreglar, que los cargos se pueden reducir. Pero su esposo no ha querido colaborar".

Me preguntó si yo quisiera ver a René. Me di cuenta de que me estaba tratando de manipular. Pero pensé: Esta es mi oportunidad de ver a René. "Le dije, "Sí, yo lo quiero ver".

Primero me llevaron hasta la cárcel estatal en Fort Lauderdale, como 30 millas al norte de Miami. Ahí me pusieron uniforme de preso, todo sucio y manchado, y me metieron en una celda. No pasaron ni 15 minutos y me volvieron a sacar. Me metieron en el carro y me llevaron de vuelta a Miami, al Centro de Detención Federal, donde estaba René. Solo querían que él viera cómo yo iba a estar en la cárcel.

Me vistieron así con uniforme de preso de color naranja para impresionar a René.

Trajeron a René a un salón y nos pusieron frente a frente, con todos los agentes del FBI ahí. Cuando lo vi, me entró sentimiento, porque pensé que iba a ser la última vez que lo veía en mucho tiempo. Y así fue.

René me abrazó y me dijo, "Qué linda te ves con el color naranja".

Cuando le dije que me arrestó inmigración, él dijo, "Entonces probablemente te deporten, porque van a hacer cumplir la amenaza en esa carta que me entregaron. Tenemos que prepararnos para eso".

Waters: ¿Cuánto tiempo pasaste en la cárcel de Fort Lauderdale?

Salanueva: Tres meses. Es una cárcel estatal, pero tiene dos celdas que rentan al gobierno federal. Las usan para inmigrantes y para gente que va a la corte federal. Ahí mandan de castigo a presos de Krome, el centro de detención de inmigración en Miami.

Mi celda no tenía ventanas. Estaban encendidas las luces las 24 horas, y había una cámara grabándote las 24 horas. La celda tenía cuatro literas, una mesa, la taza del baño, el lavamanos y una ducha con cortina.

En la celda coincidí con cubanas, con una colombiana, con unas haitianas, que se llevaron bastante bien conmigo.

Durante esos tres meses René y yo nos escribimos. Las cartas que él me mandaba sí me llegaban.

Pero las cartas que yo le escribía a René no se las entregaban.

CALERO: ¿Cuál fue la respuesta de tus compañeras de trabajo? No hubo una que ayudó a que tú y René se pudieran comunicar mientras estabas presa?

SALANUEVA: Sí, esa fue Marina. Era una compañera peruana, muy trabajadora. Nos cogimos aprecio. Ella era muy religiosa; ella sabía que yo no era creyente. Cuando me arrestaron, me visitó en la cárcel. Me dijo que tuviera calma, y me regaló una Biblia, que todavía la conservo, con una dedicatoria muy bonita.

Una vez que me visitaba me preguntó si yo había hablado con René. Le expliqué que no se permitía llamar de cárcel a cárcel.

Ahora, en la empresa de telemercadeo nos daban una grabadora cuando hacíamos llamadas para las ventas. Le pedíamos que el cliente nos dijera su nombre, sus datos y que estaba de acuerdo con el contrato, y se grababa.

Marina dijo, "Acuérdate que yo tengo mi grabadora en la casa. Entonces que René me llame, yo acepto la llamada y le grabo a René un mensaje para ti. Después tú me llamas, yo te grabo y entonces cuando René llama por segunda vez, yo pongo la grabadora para que escuche tu mensaje. Y cuando tú llamas por segunda vez, tú podrás escuchar el mensaje de René".

Deportada a Cuba

Así fue que nos despedimos, porque ya estaban a punto de deportarme.

Me deportaron el 22 de noviembre del 2000, a cinco días del comienzo del juicio a los Cinco.

WATERS: ¿Con qué argumentos te deportó el gobierno norteamericano?

SALANUEVA: En la corte de inmigración no sacaron ningún documento que me implicara en nada. El fiscal dijo que yo sabía de las actividades de mi esposo. El juez pidió que mostraran las pruebas de que yo pertenecía a ese grupo de espías que habían arrestado o de que yo sabía lo que estaban haciendo.

El fiscal le contestó, "Bueno, el juicio no ha comenzado. Yo solo le puedo decir que ella forma parte de esto y que las hijas también".

El juez preguntó, "¿Cómo que las hijas? ¿Qué edades tienen?"

"Sí, sí, las hijas. Una tiene 14 años y la otra tiene 2".

"¿Pero cómo usted va a decir que las hijas también sabían?"

"Bueno, ahora no, pero en el futuro puede ser", dijo el fiscal.

Fue tremendo. Entonces, a partir de allí nosotros le dijimos a Ivette la "bebe espía".

El juez dijo, "Bueno aunque no veo la evidencia, yo tengo la facultad, por suposiciones, de revocar su condición de residente y deportarla". Y así lo hizo.

Después de la vista yo pedí ver a René. Me dijeron que no. Irmita ya estaba en Cuba; ella había venido aquí de vacaciones antes de que me arrestaran. Entonces le pedí al juez de inmigración que ellos me llevaran a Ivette al aeropuerto para yo poder llevármela a Cuba.

Me dijeron que no, que Ivette era ciudadana norteamericana y que ellos no podían deportarla.

Yo pregunté, "¿Y cómo va a poder quedarse a vivir en Estados Unidos, si a mí me deportan y René está en una cárcel?"

Dijeron que tendríamos que buscar un familiar y darle un poder legal. Casualmente, la mamá de René, Irma [Sehwerert], había recibido una visa para visitar a René. Entonces Ivette regresó a Cuba con Irma un día después de llegar yo.

'Muchos en Cuba deben oír esto'

KOPPEL: Tengo entendido que Irmita recibió apoyo de algunas de sus amigas en la escuela.

SALANUEVA: Sí, eso fue al final del juicio. Irmita ya estaba viviendo en Cuba nuevamente, y viajó a Miami y fue a las vistas de sentencia en diciembre de 2001.

Las amiguitas la vieron en los periódicos y la televisión. Algunas desafiaron toda la propaganda hostil, y fueron a la corte para verla y apoyarla.

Yo estuve cuatro años en Estados Unidos. En esos breves años aprendí un poco lo que es vivir y trabajar en ese país como una trabajadora más. Estas son mis experiencias, pero hay millones de historias de inmigrantes en Estados Unidos.

En Cuba mucha gente tiene que oír estas cosas, tanto las personas de mi generación —yo nací en 1959— como la gente joven de hoy.

Estas son cosas que en Cuba solo se leen en los

libros o se oyen de los abuelos. Uno podría pensar que eso fue antes. Que hoy el capitalismo ya no es así. Pero son experiencias prácticas como las que yo viví las que te enseñan más que cualquier lectura sobre la vida en la sociedad capitalista. Muestran por qué realmente fue necesaria la revolución en Cuba.

Cuando se vive estas experiencias es cuando más se valora todo lo que se ha logrado en nuestro país. Todo lo que no podemos dejarnos arrebatar. Los logros a los que jamás podemos renunciar.

Eso es lo que están defendiendo los Cinco; es por eso que los tienen presos. Y es por eso que jamás dejaremos de luchar por su libertad.

23 Y 30 DE JULIO DE 2012

TERCERA PARTE

¿Quiénes son los Cinco Cubanos?

Giras de muestras de arte amplían apoyo para lucha por libertad de los Cinco Cubanos

(El cartel en la frontera dice: "Solo antiterroristas cubanos")

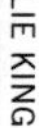

JULIE KING

Arriba: Varios cuadros de Antonio Guerrero y caricaturas de Gerardo Hernández, (ejemplos a la izquierda y derecha, respectivamente) fueron parte de la exposición *Beyond the Frame* (Más allá del marco) en el Reino Unido, abril y mayo de 2012. Esta incluía obras de 46 artistas cubanos y otros, la mayoría donadas para recaudar fondos para la campaña de defensa de los Cinco Cubanos. **Derecha:** Centenares de personas vieron la exposición en una galería de Londres antes de que se mostrara en Glasgow, Escocia.

LINDA HARRIS/MILITANTE

Izquierda: Unas 150 personas asistieron al estreno de una exposición de caricaturas de Gerardo Hernández en una galería en Sydney, Australia, 19 de abril de 2012.

'12 HOMBRES Y 2 GATOS'

Con Gerardo Hernández y su pelotón en Angola

Por Mary-Alice Waters

Cuando Gerardo Hernández Nordelo se graduó del Instituto Superior de Relaciones Internacionales (ISRI) de Cuba en 1989, se ofreció como voluntario, al igual que cientos de miles de otros cubanos, para prestar servicio en Angola. Las Fuerzas Armadas Revolucionarias de Cuba se encontraban en las fases finales de una misión internacionalista de casi 16 años, combatiendo junto a las Fuerzas Armadas Populares para la Liberación de Angola (FAPLA), para defender al gobierno de esa antigua colonia portuguesa contra las fuerzas invasoras del régimen sudafricano del apartheid y sus aliados, basados en Zaire, que estaban respaldados por el imperialismo.

En 1989 y 1990 el teniente Hernández dirigió un pelotón de exploración cubano-angolano de 12 hombres, adjunto al Grupo Táctico 11 de la Décima Brigada de Tanques, emplazada en la provincia angolana de Cabinda.

El siguiente relato de esos años lo cuenta José Luis Palacio, mecánico de oficio y uno de los hombres que cumplieron misión con Hernández en Cabinda. Se publicó bajo el título "12 hombres y dos gatos", en marzo de 2006, en *Guerrillero*, periódico de la provincia de Pinar del Río en Cuba occidental.

El homenaje que Palacio le rinde a las cualidades de dirección de Hernández —o simplemente "Gerardo", según lo conocen millones de personas por todo el mundo que luchan por su libertad— ayuda mucho a comprender por qué el gobierno norteamericano lo ha escogido como blanco especial para un trato brutal y vengativo. Entre los Cinco Cubanos, Hernández recibió la sentencia más severa de todas: dos cadenas perpetuas más 15 años. Desde 1998 el gobierno norteamericano le ha negado el derecho de recibir visitas de su esposa, Adriana Pérez.

Hernández me envió una fotocopia del artículo de *Guerrillero* por ser una de los editores de *Malcolm X, la liberación de los negros y el camino al poder obrero* por Jack Barnes, publicado por la editorial Pathfinder. Ese libro, que Hernández recibió a principios de 2010, incluye una de las fotos en estas páginas: la foto donde aparece Hernández junto a otros miembros de su pelotón al lado de una fogata donde están cocinando. Las otras dos fotos del pelotón que aparecen aquí las envió Gerardo por correo desde la penitenciaría de máxima seguridad de Victorville, en California, donde está recluido.

En cartas que acompañaron las fotos, Hernández comentó:

> Han pasado 20 años, pero recuerdo como si fuera hoy el momento en que tomamos esa foto de Angola. Estábamos haciendo un dulce de coco. Recuerdo los nombres de todos, incluyendo a los dos combatientes angolanos que aparecen, y que formaban parte de nuestro pelotón de exploradores.
>
> Varios combatientes cubanos de mi pelotón me escriben con frecuencia, incluyendo a tres de lo que ellos mismos llaman mi escuadra matancera, porque todos son de Matanzas: José Ramón Zamora, Fidel Martell y Wilfredo Pérez Corcho. Los tres son campesinos, personas muy humildes y muy revolucionarias. Ellos me enviaron estas dos fotos que hoy comparto con usted.
>
> La calidad de los originales no era muy buena, por los años y por las condiciones en las que se revelaban e imprimían...
>
> En la del tanque... parado abajo está José Luis Palacio, de Pinar del Río.
>
> De Palacio conservo desde hace unos años

una entrevista que dio al periódico de Pinar del Río, su provincia, y que me emocionó mucho cuando la leí. Voy a buscarla entre mis papeles y le enviaré una copia.

Siento una gran admiración por todos esos compañeros —en aquel entonces muchachos prácticamente— que asumieron voluntariamente una misión como aquella. A mi me tocó darles clases de algunas materias, o sea, supuestamente debía enseñarles, pero fui yo el que terminó aprendiendo mucho de ellos. Angola fue una gran escuela para todos.

Hernández proporcionó la descripción de las fotos. Los comentarios entre paréntesis en la siguiente entrevista también son suyos.

POR ZENIA REGALADO

Un pinareño estuvo en Angola con el teniente Gerardo Hernández Nordelo. Le recuerda jaranero, siempre haciendo caricaturas a los soldados de su pelotón de exploración, leyendo el diario del Che. Era el primero en levantarse y el último en acostarse. Siempre muy preocupado por la salud de los hombres bajo su mando.

Cuando un grupo de 12 hombres tiene que dormir dos metros y medio bajo tierra, espantar la añoranza que muerde despacio ante la demora de cada carta, caminar en el territorio de las serpientes, entonces la amistad alcanza el más alto de los vuelos.

Se puede comprender por ello que José Luis Palacio Cuní se sintiera muy raro a su retorno en 1991 y que extrañara el modo campechano y la jodedera de aquellos compañeros de pelotón de la décima brigada de tanques de Cabinda.

En las noches, mataban el tiempo jugando dominó de siete fichas o cartas. Este último era el entretenimiento que más le gustaba al teniente Gerardo Hernández Nordelo [*En realidad era el dominó. —GH*], de muy bien carácter y quien siempre los levantaba a las cinco de la mañana con aquella frase muy suya: "¡Dc pie, soldados; vertical como las palmas de Cuba!"

Nadie imaginaba, cuando aquello, que Gerardo —quien compartía el mismo hueco con ellos— se convertiría en un héroe, y que tendría que soportar pruebas aún peores, nada más y nada menos que en una cárcel de Estados Unidos.

Ninguno de los amigos de Palacio quiso creerle aquella tarde cuando viendo la televisión, y en medio de una fiestecita, este moreno que vive en el edificio de 12 plantas nuevo del "Hermanos Cruz" les dijo: "¡Coño... ese hombre de la foto fue mi jefe en Angola, era el teniente Nordelo!"

Gerardo Hernández con miembros de pelotón de exploradores en Cabinda, Angola, 1989–90. Montados en el tanque, desde la izquierda: Pembele, combatiente angolano; Adolfo, al frente; Henry, atrás; Hernández. De pie, abajo: José Luis Palacio, el entrevistado de este artículo.

Dos gatos en el pelotón

Palacio estuvo en Angola, en Cabinda, dos años y tres meses. Trabajaba en la Empresa de Reparación de Equipos y Agregados, la entonces EREA, cuando fue llamado a cumplir con su deber como reservista. Era 1989 y dejaba tras de sí a una hija de poco más de tres años.

¿Cómo se adaptaron a dormir en el refugio? fue una de las primeras preguntas que le hicimos a nuestro entrevistado.

"Los refugios tenían seis metros de largo, por dos o tres de ancho. Adaptarse a dormir ahí no es muy fácil, pero cuando sabes que es más seguro que tener el cuerpo al aire libre, tienes que hacerlo.

"Yo era el único pinareño entre aquellos 12 hombres. La mayoría eran matanceros, también algunos orientales y habaneros. Por las noches cuando estábamos allá abajo, empezábamos a decirnos que si el lugar más hermoso de Cuba era Viñales, y allá iba otro y saltaba con su provincia, y así…

"Un muchacho de Matanzas, nada más que llegó al pelotón, comenzó a criar dos gatos. Realmente aquellos animalitos eran también soldados internacionalistas, pues bajo tierra había ratones, y mientras dormíamos los escuchábamos cazar muchas veces. Estaban muy apegados a nosotros.

"El teniente que teníamos concluyó su misión y entró entonces Gerardo, graduado del Instituto de Relaciones Internacionales. El jefe del onceno grupo táctico nos dijo: 'Este es su nuevo jefe'. Recuerdo muy bien las primeras palabras de Nordelo:

"'Yo voy a compartir la alegría, la tristeza y todas las emociones con ustedes. Seré uno más, como un hermano, como un hombre sencillo'. Nos cayó muy bien desde el principio.

"En las noches hablaba de cuando estuvo en la universidad, de su vida estudiantil, de las caricaturas, de su mamá, y de su esposa.

"Era muy jocoso y tenía mucha gracia para hacer chistes. En las clases daba seis minutos de receso y en ese tiempo hacía caricaturas de nosotros y nos decía: 'Así estaban en la clase'.

"Cuando veía que algún soldado estaba triste, hasta les enseñaba sus propias cartas. Cuando se está tan lejos, nada tiene tanto valor como que le escriban a uno.

"Jugaba pelota en los ratos libres. ¿Qué si era bueno? A decir verdad, no, no lo era. Se desempeñaba como pitcher, y como jugábamos al flojo, no se notaba mucho…

"Creó una radio base; siempre tenía que estar haciendo algo. Él escribía los comunicados y los chistes que leía un soldado".

En Angola, Hernández y otros combatientes cubanos y angolanos hacen dulce de coco. "En la primera fila y de izquierda a derecha: Adolfo, Pembele (angolano), Nelson Abreu y Gabriel Basquito (angolano). Detrás estamos Yoel y yo".—GH

El Corcho

Cuenta este espigado moreno que en el pelotón había un muchacho muy delgadito llamado Pérez Corcho, y a quien le apodaron 'El Corcho'.

Todos lo llamaban El Corcho para aquí y El Corcho para allá. Un día de su cumpleaños, Gerardo tuvo la idea de celebrárselo. Pidió permiso para ello y fue autorizado.

Se hizo para la fecha vino de arroz y de piña, abundante en la zona. Ese día no fueron al comedor central de la unidad. [*No era vino, sino una especie de refresco, porque estaba prohibido beber. —G.H.*]

Muchos en el grupo de los 12 no sabían ni cocinar, pero inventaron. Gerardo escribió unos chistes y un comunicado. Combinaba siempre lo alegre con lo patriótico, según afirma su otrora subordinado.

¿Y con las serpientes tenían alguna estrategia?

"Allá abundaban las cobras. Era una orden dormir con mosquitero y colocar una bota dentro de otra, para no dejarles espacio para que se acomodaran, pues ellas siempre buscan el calor del cuerpo.

"Gerardo era el último en acostarse y siempre nos repetía: 'Coloquen las botas como ya ustedes saben'. Se fijaba siempre en esos detalles, aunque era muy joven.

"Cada tercer o cuarto día caminábamos en nuestras misiones de exploración unos 40 ó 50 kilómetros en la selva. Salíamos juntos en un pelotón integrado por angolanos de las FAPLA y los cubanos.

"Una vez un angolano descubrió una boa de unos seis metros de largo y la mató. Ellos las respetaban mucho y nos decían que los cubanos no le temíamos ni a esos bichos, pues no las matábamos.

"El teniente Nordelo siempre nos alertaba de todo, y una de las cosas en las que más hincapié hacía era en la necesidad de respetar a nuestra familia y a las nativas de aquellos lugares.

"Yo había visto antes en la televisión la pobreza de Angola, lo que hacían las tropas de la UNITA[1], pero nada de eso puede compararse con lo que vi después. Niños en condiciones muy malas, viviendo en aquellos quimbos, flacos, demacrados, y no podía evitar compararlos con los nuestros y pensar que a veces no sabíamos bien ni lo que teníamos.

"Angola fue para mí una escuela. Allí aprendí a valorar más la vida, el internacionalismo, a dar un poco de mí.

"Gerardo tuvo una de sus tantas buenas ideas con los niños del lugar en el que estábamos. Con-

1. Fundada originalmente para combatir el dominio colonial portugués, la Unión Nacional para la Independencia Total de Angola (UNITA), dirigida por Jonas Savimbi, se alió en 1975 con el régimen racista del apartheid en Sudáfrica y con el imperialismo norteamericano en un intento de derrocar al nuevo gobierno independiente de Angola. Unos 375 mil voluntarios cubanos combatieron en Angola junto a las FAPLA contra fuerzas proimperialistas, incluida la UNITA. Cuba concluyó su misión internacionalista de combate en 1991, después de que las fuerzas militares sudafricanas fueron derrotadas y obligadas a retirarse de Angola y conceder la independencia a la vecina nación de Namibia.

Pelotón cubano-angolano adscrito al Grupo Táctico 11 de la Décima Brigada de Tanques en Cabinda, Angola, bajo el mando del teniente Gerardo Hernández, 1989–90. "En la foto del pelotón", escribió Hernández, "estamos, en primera fila y siempre de izquierda a derecha: Wilfredo Pérez Corcho (con un gato), Fidel Martell (con el otro gato), Palacio, Bouza y Adolfo. (Bouza es de la Ciénaga de Zapata, y la última vez que tuve noticias suyas era funcionario del PCC [Partido Comunista de Cuba] municipal en Soplillar). Estoy yo en el medio, y detrás Gabriel Basquito (angolano), Henry, Manuel (también graduado del ISRI [Instituto Superior de Relaciones Internacionales] y posiblemente diplomático hoy), José Ramón Zamora, dos compañeros cuyos nombres lamentablemente no me vienen a la mente ahora, Nelson Abreu, otro compañero (con lentes oscuros) cuyo nombre no puedo recordar y Carlos Amores, con la cámara, nuestro actual embajador en Malasia. Lo que pasa en la mayoría de los casos cuyos nombres no recuerdo es que estuvieron poco tiempo en el pelotón después de yo llegar, porque cumplieron sus misiones y regresaron a Cuba".

vocó a la confección de juguetes artesanales para los muchachos, hasta muñequitas de trapo. Fue algo muy bonito".

Cuando viste a Gerardo en la televisión, ¿qué sentiste?

"Lo primero fue mucha tristeza, al pensar en aquel hombre tan revolucionario, tan buen compañero, tan preocupado por todos nosotros, y que ahora estaba preso, y en Estados Unidos.

"Pero ahora lo veo de otra manera. Me da alegría recordar que aquel teniente, al lado de quien estuve tanto tiempo, es un símbolo de patriotismo, y no se ha doblegado. Ha aguantado tantas cosas, ni siquiera lo han dejado ver a su esposa. No ha podido tener hijos, ¡ese hombre que estaba cuidándonos a todos nosotros!

"A la vez me siento más revolucionario y comprometido. Tengo también la esperanza de que regrese y que aquellos 12 cubanos podamos reunirnos nuevamente para recordar los días vividos en Angola".

Palacio, un hombre sencillo, militante del Partido, mecánico de refrigeración y climatización en el frigorífico, no le ha escrito a Gerardo por no conocer la dirección de la cárcel; tampoco había buscado protagonismo en contar sus días junto a aquel teniente a quien tanto le gustaba la lectura.

Fue su amigo Félix Peña, funcionario del Comité Provincial del Partido, quien lo animó a conversar con algún periodista para compartir con muchas más personas sus vivencias acerca de ese cubano de pura cepa cuyos ideales se mantienen verticales, como las palmas de Cuba que él mencionaba a sus hombres, como para recordarles que habían nacido en una pequeña isla acostumbrada a la hidalguía.

Su pelotón de exploradores de un grupo táctico perteneciente a la décima brigada de tanques, en Cabinda, tomó parte en misiones de exploración con el objetivo de proteger a las unidades y tropas cubanas.

Cuando impartía las clases a sus soldados, según el propio Palacio, les enfatizaba que tenían que aguzar las técnicas de observación del enemigo para rastrear sus huellas.

Un explorador busca en el terreno indicios de dónde pudiera estar el contrario. Tiene que estudiar la conformación del ejército adversario, de su armamento.

Todos los integrantes de aquel pelotón de 12 hombres —número simbólico en la historia de Cuba— tienen una foto del grupo. La tomó el propio Gerardo. Ese patriota que de alguna u otra manera tiene puntos de contacto con Ignacio Agramonte[2], el bravío abogado, hombre de letras y también de acción en los campos de Cuba, capaz de empuñar el machete, pero también de dedicarle tiernas líneas a su esposa.

Y el héroe cubano, crecido en una celda de Estados Unidos, dejó a su compañera Adriana antes de separarse, y junto a la canción de Silvio Rodríguez *Dulce abismo*, este poema de Roberto Fernández Retamar titulado *Filin*:[3]

Si me dicen que te has marchado
y que no vendrás
no voy a creerlo
voy a esperarte y esperarte.

Si te dicen que me he ido
y que no vuelvo
no lo creas
espérame
siempre.

23 DE AGOSTO DE 2010

---

2. Ignacio Agramonte (1841–73) fue uno de los más destacados dirigentes políticos y militares de la primera guerra cubana de independencia contra España. Comandante de división del Ejército de Liberación en la provincia de Camagüey. Alcanzó el rango de mayor general. Cayó en combate.

3. *Filin* es un género musical popular cubano que se desarrolló en La Habana durante una época de creciente malestar social en los años 40 y 50; incorporaba elementos de jazz y de bolero cubano.

RAMÓN LABAÑINO: 'POR UN MUNDO LIBRE DE LA PENA DE MUERTE Y LA BARBARIE'

Por Martín Koppel

Ramón Labañino, en nombre de los Cinco Cubanos, envió un mensaje (ver cuadro) a los familiares y partidarios de Troy Davis el 23 de septiembre de 2011. Dos días antes, el estado de Georgia había ejecutado a Davis, un africano-americano condenado en un caso amañado por la muerte de un policía en Savanah, Georgia, en 1989.

En el juicio no se presentaron pruebas físicas que vincularan a Davis al asesinato. De los nueve testigos de la fiscalía que no eran policías, siete de ellos retractaron o cambiaron su testimonio después del juicio. Varios de ellos dijeron que la policía los había presionado para que acusaran falsamente a Davis de ser el asesino.

Se libró una campaña internacional contra su ejecución, y Davis logró varias suspensiones provisionales de su ejecución. No obstante, el estado de Georgia y la Corte Suprema de Estados Unidos rehusaron otorgarle un nuevo juicio y el presidente Barack Obama decidió no conmutar la sentencia.

Davis insistió en su inocencia hasta el final. El

Hermanos y hermanas:

Hemos sentido profundamente la horrible ejecución de Troy Davis. Es otra terrible injusticia que mancha en la historia de este país. Nos unimos al dolor de sus familiares, amigos y hermanos de todo el mundo. Ahora tenemos otra causa, otra bandera, para continuar nuestra lucha por un mundo mejor para todos, libre de la pena de muerte y de la barbarie.

En honor de Troy y de todos los inocentes del mundo, tenemos que seguir unidos, ¡hasta la victoria final!

Nuestro más sincero pésame.

Cinco abrazos fraternales,

Antonio Guerrero
Fernando González
Gerardo Hernández
René González
Ramón Labañino

Izquierda: Troy Davis. **Abajo:** Manifestantes en Atlanta exigen alto a la ejecución de Troy Davis, 16 de septiembre 2011. Davis, acusado falsamente de asesinar a un policía en 1989, fue ejecutado cinco días después de esta protesta.

MACEO DIXON/MILITANTE

día antes de su ejecución, emitió una declaración en la que dijo, "La lucha por la justicia no se acaba conmigo. Esta lucha es por todos los Troy Davis que vinieron antes de mí y todos los que vendrán después de mí". Su mensaje final fue: "Pido a mis amigos y familiares que continúen librando esta lucha".

'Militar del silencio'

Labañino se graduó en economía en la Universidad de La Habana, donde también se distinguió en la cátedra militar universitaria, un programa de cinco años. Se hizo oficial del Ministerio del Interior de Cuba.

En una entrevista en enero de 2012 Labañino dijo que su madre siempre había querido que él vistiera un uniforme militar cubano. "Claro, nunca pude decirle a mi mamá que desde muy temprana edad yo estaba cumpliendo también sus sueños", dijo. "Yo era militar del silencio, sin el uniforme cotidiano, de esos que por menesteres de misiones importantes, deben guardar a buen recaudo su identidad para cumplir con las tareas de la patria".

Cuando en 1992 Labañino aceptó una misión del servicio de inteligencia cubano para hacer trabajo encubierto en Estados Unidos, no pudo decírselo a su familia. Su esposa, Elizabeth Palmeiro, pensaba que estaba trabajando para una empresa en España. "No conocía su pertenencia en ese ejército anónimo de cubanos que dejan todo —familia y empleo— para trabajar por su país, intentando prevenir acciones terroristas violentas contra Cuba", dijo ella.

En una entrevista con la revista cubana *Bohemia* en 2005, ella explicó que durante esos seis años largos, pasaban meses sin tener noticias suyas. Y a diferencia de otros cubanos que trabajaban en el exterior durante la dura crisis económica de los años 90, él nunca enviaba dinero a la casa para ayudar a la familia. Algunas de sus amistades, dijo Palmeiro, le insistían en que ella debía dejarlo por ser un inútil.

A pesar de esas incertidumbres, Palmeiro dijo a la revista, ella nunca dejó de confiar en ese "hombre común y sencillo" que durante lo peor del Período Especial nunca se quejaba por los apagones, lo limitado del menú de la mesa o tener que ir en bicicleta a cualquier parte de la ciudad.

Un día, dijo, después de no tener noticias suyas por mucho tiempo, Ramón llegó a casa, y en pocas palabras le dijo lo suficiente como para despejar sus dudas. Palmeiro entendió muy pronto las condiciones y los peligros bajo los cuales él trabajaba y por qué lo hacía. "No soy el único: ni el primero ni el último. Y tú tampoco eres la única mujer que pasa por esto", le dijo Labañino. "Lo demás se lo dejo a tu inteligencia y tu comprensión".

Palmeiro dijo que para ella eso fue suficiente.

Después de que Labañino fuera arrestado en septiembre de 1998, "estuvimos 27 meses sin comunicación", dijo. "Como él no reveló su verdadera identidad hasta el inicio del juicio, no podía hacer llamadas a Cuba".

En ese juicio, Labañino fue declarado culpable de "conspiración para recoger y transmitir a un gobierno extranjero información relacionada a la defensa nacional" y otros cargos fabricados. Fue sentenciado a cadena perpetua más 18 años. En 2009 esa sentencia fue reducida a 30 años después de que un tribunal de apelaciones falló que excedía las pautas federales (ver artículo en la página 61). Actualmente Labañino está recluido en la prisión de mediana seguridad en Jesup, Georgia.

El día de su sentencia, Labañino dijo en el tribunal que, ante las décadas de ataques por parte de fuerzas contrarrevolucionarios respaldadas por Washington, "Cuba tiene simplemente el elemental derecho de defenderse, y eso es todo lo que hemos hecho, [y] mientras exista esta política criminal contra mi pueblo, seguirán existiendo hombres como nosotros".

"Les guste o no", dijo, "Cuba es un país independiente y soberano. Tiene su propio gobierno legítimo, su propio presidente, sus mártires y héroes, y sus propias convicciones...

"¡Llevaré el uniforme de recluso con el mismo honor y orgullo con que un soldado lleva sus más preciadas insignias!"

17 DE OCTUBRE 2011

POETA Y PINTOR: APRENDIENDO A DIBUJAR EN LA CÁRCEL

Por Antonio Guerrero

En el siguiente artículo Antonio Guerrero relata cómo aprendió a dibujar y pintar en la cárcel.

Declarado culpable de conspiración para recoger y transmitir información ralacionada a la defensa nacional y otros cargos amañados, Guerrero fue sentenciado en 2001 a cadena perpetua más 10 años.En octubre de 2009 su sentencia fue reducida a 21 años más 10 meses, después de que una corte federal de apelaciones falló que las sentencias de tres de los Cinco Cubanos —Guerrero, Ramón Labañino y Fernando González— excedían las pautas federales de sentencias (ver artículo sobre la vista de resentencia en la página 60).

Cuando escribió este artículo en 2007, Guerrero estaba recluido en la penitenciaría federal en Florence, Colorado. En enero de 2012 fue trasladado a la Institución Correccional Federal de mediana seguridad en Marianna, Florida.

Guerrero también es poeta. Una colección de poemas que compuso en la cárcel se ha publicado en español e inglés bajo el título *Desde mi altura*. Una exposición de sus obras con el mismo título ha estado recorriendo ciudades en Estados Unidos y otros paises. Se han exhibido en el estado de Washington, Oregon, California, Colorado, Texas, Kentucky, Minnesota, Michigan, Maine, Nueva York y Washington, D.C., así como en Londres y en Glasgow, Escocia.

15 de noviembre de 2007—A comienzos del año 2003, justo cuando se cumplía mi primer año de reclusión en esta penitenciaría de Florence, Colorado, buscaba, ansiosamente, en qué ocupar mi tiempo lejos de todo el ambiente de tensión y violencia que imperaba en esta prisión.

La poesía había sido un arma eficaz para vencer los largos períodos de injusto castigo en las celdas de los llamados "huecos", así como los prolongados *lockdowns* [encierros] a que sometían a toda la población penal aquí tras algún incidente violento. Pero el bullicio constante, en la rutina "normal" de la prisión, no me permitía inspirarme la musa; como que se asustaba y se iba.

Así, un buen día, fui al llamado *Hobby Craft* (Departamento de Recreación) y me encontré a un recluso impartiendo clases de dibujo con lápiz; básicamente hacían todos algún retrato. Me impactó sobre todo el trabajo del instructor, e indagué con él cómo podía participar en su clase. Esta persona resultó ser un gran entusiasta para enseñar lo

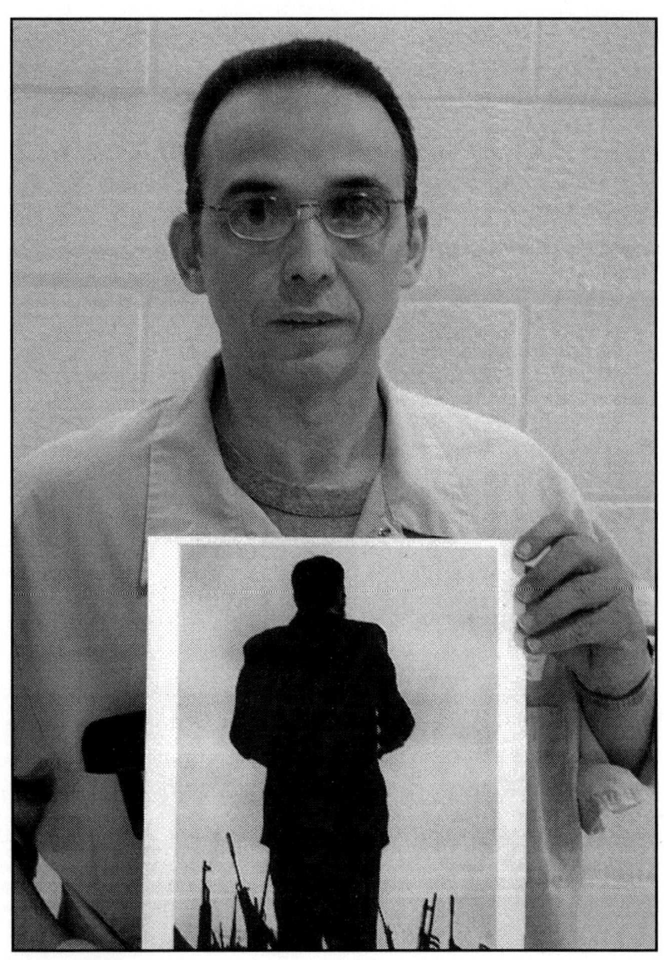

Antonio Guerrero en la prisión con imagen de Fidel Castro que pintó.

que sabía, y para más suerte, estaba en mi propia unidad de dormitorio.

Me suministró algunos materiales y ya al siguiente día tenía decidido mi primer proyecto: un retrato de mi querida madre.

Aún sin terminar esta primera obra, vino el repentino y vil castigo por el que fuimos aislados en celdas del "hueco", los Cinco en nuestras cinco prisiones. Era el resultado de la aplicación de Medidas Administrativas Especiales (SAM en inglés) dictadas por una orden del procurador general. La solidaridad internacional y el enérgico reclamo de nuestros abogados hizo posible que aquel injusto castigo fuera levantado en un mes.

Sucedió que, al regresar a mi unidad de dormitorio, habían "perdido" mi ubicación y no hallaban celda donde ubicarme. Me percaté que el recluso, instructor de las clases de dibujo, estaba solo en una celda y le dije al guardia: ponme con él. Se sorprendió porque ese recluso era de la raza negra, lo que llaman aquí un afroamericano, y aquí prácticamente nunca se ve (ni se acepta por los reclusos) que vivan juntos reclusos de diferentes razas o grupos (o pandillas).

Como esperaba, André me aceptó en su celda, y con esta convivencia comenzó a incrementarse mi interés en el dibujo y formamos una buena amistad.

Todos los días dedicaba varias horas al dibujo; mis primeras cinco obras necesitaron de la ayuda del instructor, pero, recuerdo, vino un lockdown por casi un mes y André me dijo: "Ahora vas a hacer tú solo el retrato". Y en efecto, la obra con los retratos de José Martí y Cintio Vitier la hice durante aquel encierro toda por mí mismo. Cuando terminé, comprendí que ya podía continuar mi camino independiente, y fue el momento justo para que esto pasara, porque André se trasladó a otra penitenciaría en California apenas terminó aquel lockdown.

Un indio nativo, recluido también en mi unidad, ocupó el lugar de André como instructor. Hicimos también buena amistad. Todas las noches trabajábamos juntos en diferentes proyectos. La mezcla de las enseñanzas de André y de este nuevo instructor hicieron que yo creara mi propio método de trabajo.

Era capaz de en ocasiones en un día terminar un retrato. Hasta la fecha he realizado más de 100 obras con lápiz.

En el año 2005 conocí un recluso que se brindó a enseñarme caligrafía. Mi interés era pasar en limpio los poemarios escritos en estos años de encierro.

Adquirí algunos materiales imprescindibles, pero me percaté que la pintura de agua que usaba como tinta no era buena ni suficiente. Buscando algo que pudiera suplir el lugar de la tinta (que no autorizaban a comprar), en mis manos cayó, de manos de otro recluso, un grupo de tubos de pintura de acuarela. Para lo de la caligrafía fue otro fracaso, y me dije, ¿Y ahora qué hacer con todo esto? Decidí con unas pinturitas pequeñas. Nadie aquí pintaba con esta técnica, por lo que solo conté con la ayuda de algunos libros que había adquirido con las pinturas. Poco a poco fui tomando confianza en mis trazos con los contados pinceles que contaba y fui poniéndome mayores metas.

El color le daba otra vida a mi creación. Me alegraba pintar. En uno o dos días ya terminaba cada obra.

Con la ayuda de una gran amiga de Cuba y de los Cinco, Cindy O'Hara, quien me envió libros y fotos, pude llevar a cabo dos interesantes proyectos en acuarela: las aves endémicas de Cuba y las especies de guacamayos. Otros amigos solidarios en Estados Unidos, como la incansable Priscilla Felia, me han enviado libros que me han sido muy útiles para mi progreso autodidacta en esta y otras técnicas.

A fines del año 2005 llegó un recluso de la prisión de Marion en Illinois que comenzó a mostrar unos impresionantes trabajos al pastel en fotos. Lo ubicaron en mi unidad de dormitorio y no tardó en que yo me interesara en esta nueva técnica. Adquirí unos materiales, de acuerdo a sus instrucciones. Tenía una gran disposición de enseñar, pero al poco tiempo tuvo problemas, fue llevado al "hueco" y nunca regresó a la población general.

Otra vez me vi ante la interrogante de qué hacer con los materiales de pintura adquiridos, y una vez más recurrí a los libros para adentrarme en una técnica desconocida. Decidí que fuera un retrato del Che mi primera obra al pastel, y tras ella acometí un proyecto de 14 retratos de las más relevantes figuras de nuestra historia. Ininterrumpidamente he continuado empleando los pasteles en mi creación plástica. Lo más reciente en esta técnica han sido un grupo de desnudos, con los que he estudiado la figura humana y los diferentes tonos de la piel bajo el efecto de luces y sombras.

Apenas hace dos meses, también de forma autodidacta, incursioné en la pintura en acrílico, utilizando una pistola de aire (en inglés se conoce esta técnica como *airbrushing*).

Y no podía faltar que me interesara por el óleo. Aquí solo autorizan un tipo de pintura de aceite que es soluble en agua, y aunque no es la pintura tradicional, tiene bastante similitud en su forma de uso y resultado con esta última. Hasta el momento he terminado cinco obras con esta técnica.

Sin ningún plan ni guía específica, estimo que el haber comenzado con los retratos en lápiz y luego adentrarme en la acuarela, el pastel y por último el óleo ha sido un camino bastante correcto. Claro que todas estas obras están falta de la profesionalización que da el estudio en una escuela de arte y la guía de algún instructor con verdadero conocimiento de las artes plásticas.

Lo principal, pienso, ha sido vencer el encierro con una actividad sana y útil como es la creación plástica. Cada obra expresa no solo mi esencia humana, sino la de los Cinco, unidos por indisolubles principios.

Lo poco que he aprendido lo trasmito a otros reclusos con total desinterés y, a veces, gran paciencia.

"La verdad quiere arte", dijo José Martí, y en nuestros corazones reina la verdad, fundida al amor y a la entrega a la causa justa de nuestro heroico pueblo: ¡Ahí está el impulso para cada obra!

30 DE AGOSTO DE 2010

Detalle de una obra que Antonio Guerrero pintó en la prisión federal en Florence, Colorado.

NATALIE MORRISON/MILITANTE

Estudiantes de la secundaria North High School ven exposición de cuadros de Antonio Guerrero en la galería Homewood Studios, situada en la comunidad negra de Minneapolis, 23 de noviembre de 2010. La exposición ha recorrido todo Estados Unidos.

'EN LA CÁRCEL CONOCÍ EL ESPÍRITU DE RESISTENCIA DE FERNANDO'

Por Carlos Alberto Torres

El siguiente homenaje a Fernando González lo ofreció Carlos Alberto Torres, independentista puertorriqueño por muchos años y ex preso político. Torres se dirigía a un evento celebrado el 29 de octubre de 2010 en San Juan, Puerto Rico, y organizado por el Comité de Solidaridad con Cuba de Puerto Rico para reclamar la libertad de todos los presos independentistas puertorriqueños y de los Cinco Cubanos.

En marzo de 2012, Torres estuvo en Nueva York haciendo campaña a favor de los tres independentistas boricuas presos en Estados Unidos: Oscar López, quien ha cumplido 31 años entre rejas; Avelino González Claudio, preso desde 2008; y Norberto González Claudio, encarcelado desde 2011.

Al hablar con reporteros del *Militante* durante su visita a Nueva York, Torres observó que había compartido cinco de sus años en la prisión federal de Oxford, Wisconsin, con Fernando González, a quien calificó de "inquebrantable". Torres también conoció a la madre de González, Magali Llort, y a su esposa, Rosa Aurora Freijanes, durante sus visitas a Oxford, y expresó admiración por su "increíble" voluntad y dignidad.

En 2007 González fue trasladado a la prisión federal en Terre Haute, Indiana, donde llegó a conocer a Oscar López. Actualmente está recluido en la prisión federal de mínima seguridad en Safford, Arizona.

Torres, de 59 años de edad, fue puesto en libertad condicional en julio de 2010, tras cumplir 30 años de una sentencia de 78 años en prisiones federales por "conspiración sediciosa" y otros cargos amañados. Fue uno de los presos políticos más antiguos del mundo.

Cuando le preguntaron estudiantes del Hostos Community College si creía que había desperdiciado sus años en la prisión, Torres contestó, "No, para mí fue simplemente otro lugar donde hacía mi trabajo político. Nunca dejé de participar en la lucha. Logré concientizar a otros presos". Dijo que no lamentaba esos años "porque era parte de mi responsabilidad en la lucha por mi patria".

Bajo sus restricciones de libertad condicional, se le prohíbe a Torres "asociarse" con toda persona que haya cumplido una sentencia por un delito grave (*felony*), incluidos los ex presos políticos. Sus viajes tienen que ser aprobados por las autoridades de la oficina de libertad condicional. Por ejemplo, durante su gira de conferencias en Nueva York, no pudo participar en una actividad con el también independentista Ricardo Jiménez, quien fue excarcelado en 2009 y ha cumplido su libertad condicional.

No obstante, estas trabas no han impedido que Torres hable en cualquier sitio donde pueda. El año pasado hizo recorridos por numerosas ciudades en Illinois, California, Oregon, Washington y Tennessee. Torres, quien aprendió pintura y cerámica en la prisión, hoy día trabaja como ceramista en Camuy, Puerto Rico.

Los subtítulos son del *Militante*.

Buenas noches, queridos compañeros y compañeras:

En 2002 en la cárcel de Oxford, Wisconsin, mientras yo pintaba un cuadro en óleo titulado *Resurrección,* otro confinado me informó que había llegado a la prisión uno de los cinco presos políticos cubanos. Se refería a Fernando González Llort, a quien los carceleros tildaban "Rubén Campa", seudónimo que usó Fernando antes de su arresto.

Luego de conocerlo y después de varios intercambios breves, me aclaró que su nombre no era Rubén, sino Fernando. Además me señaló sin molestia que los carceleros lo sabían pero no lo habían corregido, quizás por indiferencia burocrática de su parte.

Me pareció algo jocoso que este hombre cubano, de carácter reservado y cuidadoso, siempre respetuoso y correcto, mostraba poca preocupación con la discrepancia del nombre. Recordaba que después de mi arresto en 1980 y por haber usado un seudónimo los años que estuve clandestino, al ser capturado fue algo de alivio poder usar mi propio nombre otra vez.

Sin embargo, la aparente indiferencia de Fernando en cuanto a qué nombre usar fue un detalle que revelaba un aspecto importante en su formación. O sea, a él no le importaban las definiciones que imponían los carceleros en nada que tenía que ver con su persona. Sino que él mantenía una muralla entre ellos y él. Y aún en esas circunstancias, lo único que importaba era cómo él mismo se definía. En ese aspecto, él y yo coincidíamos exactamente.

RED NACIONAL BORICUA DE DERECHOS HUMANOS

Partidarios de Carlos Alberto Torres (con camisa negra) le dan la bienvenida en San Juan, Puerto Rico, cuando llega tras haber pasado 30 años en cárceles norteamericanas por sus actividades a favor de la independencia de Puerto Rico, julio de 2010.

Con el tiempo nos fuimos conociendo más, y comprendiéndonos mejor. Conocía por encimita los detalles del arresto de los Cinco Cubanos. Aunque no conocía en detalle las acusaciones y las sentencias que les dieron en el tribunal federal a Fernando, Ramón, René, Antonio y Gerardo, era fácil imaginar la duplicidad e injusticia que los encarcelamientos representaban. Tampoco sabía, aunque me lo podía imaginar, el maltrato y aislamiento que los cinco patriotas cubanos habían sufrido desde su captura.

Compromiso inquebrantable de los Cinco

Y aún así, frente a mí estaba un hombre honesto, comprometido y con una conciencia política bien formada. Un ser que, aun con su sufrimiento, no mostraba amargura con su condición y vivía orgulloso de que hacía su deber por su nación y patria, Cuba. No tengo dudas de que todos los cinco héroes cubanos, defensores de la seguridad de su patria y su pueblo, son hombres de suprema verticalidad y compromiso inquebrantable. Los Cinco han sufrido el castigo y rencor del gobierno estadounidense contra la Revolución Cubana. Es una manera de maltratar a presos que, hasta conocer a Fernando, yo pensé que solo lo reservaban para los presos políticos puertorriqueños.

Con el tiempo pudimos compartir mucho. Rara fue la vez que Fernando no quiso acompañarme a caminar en el patio de la cárcel. Las caminatas se convertían en tiempo para conversar de todo: de remembranzas personales, o debates calurosos y quemalatas que a veces terminaban en chistes o recuerdos de nuestras novias de juventud.

Durante los años que estuvimos presos los dos en Wisconsin, pienso que logramos conocernos como dos individuos que luchaban por su patria y que también sacrificábamos por ella también. Me parece que logramos entender que nuestras luchas por la independencia de nuestras patrias eran luchas hermanas.

Luchas compartidas

Aunque nosotros los puertorriqueños luchamos aún para ganarnos la independencia, Cuba lucha para proteger y preservar la suya. El dicho de que Cuba y Puerto Rico son pétalos de la misma flor, de que Cuba y Puerto Rico son islas hermanas con una historia larga de luchas compartidas, allí en la cárcel de Oxford, Wisconsin se repetía en carne y hueso.

Durante ese tiempo, no solo llegué a conocer con más detalles el proceso injusto que mantenía a cinco héroes cubanos encarcelados, sino también conocí mejor el carácter y espíritu de resistencia a la injusticia de Gerardo, Ramón, Antonio, René y Fernando. También pude apreciar el carácter de lucha y amor que caracterizaba a los familiares de los cinco.

Debo señalar algo de lo que significa el apoyo de familiares, amigos y compañeros cuando uno está preso. Es imprescindible ese apoyo, porque nos sostiene y da fuerza cuando sentimos el peso del encarcelamiento. El amor y compromiso de nuestros seres queridos nos devuelve la proporción cuando las condiciones en la cárcel nos estorban tanto que nos distraemos. No hay palabras que describan la totalidad de lo importante que son las visitas y contacto con nuestros seres queridos.

Los carceleros saben eso también. De modo que, para los carceleros, las visitas y el contacto con nuestras familias pueden ser un arma para ellos usar en contra de nosotros. Con los presos políticos puertorriqueños y luego también con los cinco presos políticos cubanos, la táctica de los carceleros para atacarnos era el de interferir o negarnos contacto o visitas con nuestros seres queridos. Los hostigan o les prohíben visitas. No nos debe entonces sorprender que en el caso de Oscar y Avelino, tanto como en el de Gerardo, Ramón, René, Antonio y Fernando, la táctica de interferir con el contacto familiar se convierta en el palo con que intentan abatirlos.

Aun con las muchas restricciones y limitaciones, tuve el honor y placer de conocer a la mamá y a la esposa de Fernando. Son seres dulces, trabajadoras incansables y comprometidas. No solo con hacer todo lo posible para que Fernando y sus compañeros regresen a la casa, sino que son mujeres luchadoras que defienden con un alto sentido de responsabilidad y compromiso a su pueblo. Aunque no los he conocido en persona, sé que los familiares de los otros presos políticos cubanos también luchan y los apoyan, no importa las limitaciones que los carceleros les impongan. Ese mismo sentido de amor familiar también lo han disfrutado nuestros patriotas Oscar y Avelino.

Hoy, Cuba y Puerto Rico siguen sufriendo sus patriotas encarcelados en cárceles federales en Estados Unidos. Tenemos en común una némesis, un mismo carcelero. El mismo zombi —para usar una frase haitiana— que quiso enterrar vivos tras las tumbas carceleras a Oscar y Avelino es el mismo que lo intenta contra Fernando, Gerardo, Ramón, Antonio y René.

En esta batalla para ganar la libertad de nuestros patriotas —que será como un renacimiento, una resurrección para ellos cuando regresen a casa— ambos pueblos podremos apoyarnos mutuamente y luchar en solidaridad hasta que nos regresen a casa a Oscar y Avelino, y a su casa Fernando, René, Gerardo, Ramón y Antonio.

7 DE MAYO DE 2012

'ANGOLA ME HIZO CRECER'

Por René González

En los años 1977–79 René González participó en una misión internacionalista de combate en Angola. Fue uno de los 375 mil voluntarios cubanos que, entre 1975 y 1991, ayudaron a derrotar las invasiones de ese nuevo país independiente africano por el régimen del apartheid en Sudáfrica. La siguiente entrevista apareció en la edición del 13 de junio de 2005 del diario cubano *Trabajadores*.

En el juicio amañado de los Cinco Cubanos en 2001, González fue declarado culpable de no registrarse como agente extranjero y de conspiración para actuar como agente extranjero no registrado. En octubre de 2011, tras cumplir 13 años de una sentencia de prisión, fue puesto en "libertad supervisada", y permanece bajo una orden judicial de cumplir esa pena adicional en Estados Unidos.

Cuando González menciona el crimen de Barbados, se refiere al ataque dinamitero en 1976 contra un avión cubano de pasajeros en que murieron las 73 personas a bordo poco después de que despegara. El atentado lo organizaron Luis Posada Carriles y Orlando Bosch, contrarrevolucionarios cubanos entrenados por la CIA.

En abril de 1974 la dictadura en Portugal fue derrocada en la "Revolución de los Claveles", un golpe de estado de jóvenes oficiales militares que abrió paso a un ascenso popular de masas.

El ímpetu juvenil y el sentimiento internacionalista de René González Sehwerert confluyeron en su vida de soldado durante la guerra por la liberación de Angola. Trabajadores *revela los sentimientos y motivaciones que llevaron a uno de nuestros héroes antiterroristas al continente africano.*

No sé si para mediados de los 70 necesitaría yo demasiadas razones para cumplir una misión internacionalista. Aquello formaba parte del ambiente. El legado del Che estaba germinando. Los crímenes del imperio laceraban la sensibilidad colectiva de los cubanos con cada noticia de una nueva agresión, o de la última dictadura militar estrenada o hiriendo nuestra propia carne con crímenes como el de Barbados.

En aquellas circunstancias, la Revolución de los Claveles, que estremeció al imperio colonial portugués, fue como un aire renovador, que abrió las puertas de la soberanía para una parte de África a la que nos hermanaban siglos de explotación.

Cuando de nuevo se recurrió al crimen y —con el apoyo y complicidad de quienes hoy nos pretenden dar lecciones de derechos humanos— la Sudáfrica del apartheid se lanzó sobre el proyecto de nación que gateaba en Angola, el pueblo cubano se estremeció. Estremecido con él y gracias a la ayuda de algunos oficiales, logré ser incluido en una unidad de mi regimiento asignada a cumplir misión. De esa manera me integré a un batallón de tanques, como artillero de una dotación, un día después de haber cumplido mis tres años en el Servicio Militar General.

Dos años en Cabinda

Tras dos meses de entrenamiento, el Batallón de Tanques T-34 arribó a las costas de Cabinda en marzo de 1977. Nuestra unidad no participó en acciones de combate; solo fuimos parte de un cerco poco antes del regreso, cuando ya el inicial entusiasmo bélico de la juvenil tropa se había atemperado ante la inminencia de volver a casa.

Al asombro inicial ante la exuberancia del paisaje africano, siguió el contacto con una cultura y forma de vida desconocidas. Me llamó la atención la nobleza, humildad y falta de maldad de los angolanos, a quienes la miseria y explotación de siglos no habían logrado convertir en depredadores.

La palabra de cualquiera de aquellos campesinos valía más que la constitución de todos los países "superiores" que habían ido a "civilizar" a aquel continente.

Una experiencia impactante fue ver el hambre en los rostros y los cuerpos de los niños. Sus miradas estremecían. Por algún acuerdo tácito y silencioso, cada uno de nuestros 200 combatientes aceptó, desde el primer día, que a su magro rancho se le sustrajera una porción para dar de comer a unas 12 criaturas que tres veces al día nos esperaban al borde de la carretera cuando llevábamos los alimentos a una pequeña tropa desplegada cercana a su aldea.

Hay dos momentos contrapuestos que siempre quedarán en mi memoria: aquellos rostros felices de vuelta a su aldea, y ser testigo de cómo alguna familia vecina ensamblaba un pequeño ataúd.

A falta de combates, mi permanencia en Angola coincidió con la batalla por el noveno grado. La tarea se acogió con entusiasmo; se construyeron aulas rústicas en las áreas de ubicación de cada compañía. A esa tarea agradezco mi reconciliación con las lecciones de matemática que impartí, y tuve la satisfacción de ver a un grupo de oficiales y soldados regresar a la patria con el certificado de grado de escolaridad vencido.

Tras dos años de vigilancia e intensa preparación combativa, en marzo de 1979 los últimos efectivos del Batallón de T-34 del Regimiento de Infantería Motorizada de Cabinda abordamos las naves que nos regresaron a Cuba, con la satisfacción de haber hecho lo nuestro y traer una experiencia única.

René González a los 21 años en Angola, 1977. En los años 70 y 80, unos 375 mil voluntarios cubanos ayudaron a derrotar invasiones de Angola por el régimen del apartheid de Sudáfrica.

Atrás en la Loma de Zende, quedaba la unidad renovada y una montaña de vivencias.

Nunca se me ocurrió que en alguna otra experiencia —como la que estoy viviendo ahora— llegaría a superar la intensidad y el peso de la angolana en mi formación y mi vida. Tal es el valor que doy a mis dos años en Cabinda.

Obra de hombres imperfectos

Aquella misión internacionalista fue la materialización de un anhelo que me hizo crecer como ser humano. No todo fue color de rosa. Tuve vivencias positivas y negativas en condiciones difíciles. Allí viví momentos de gran alegría y otros de profunda tristeza. Se mezclaron camaradería con conflictos, discrepé y estuve de acuerdo, me entendí con unos y no con otros, hice buenos amigos o, simplemente, compañeros.

Pero unas y otras, cada vivencia me enseñó algo nuevo y me hizo crecer. Muchas veces me he remitido a aquella experiencia para resolver problemas posteriores, y cada uno de aquellos combatientes —tal vez como yo en aquel momento sin saberlo a plenitud— fue parte de algo mucho más grande que cualquiera de nosotros o que, inclusive, nuestro batallón.

La experiencia angolana me enseñó que las obras más hermosas las levantamos hombres imperfectos, cada uno un breve impulso en la historia: ese continuo deshacer del entuerto que comenzó con la primera injusticia humana.

Más que un breve impulso fue, no obstante, el papel de Cuba en esta epopeya. El impulso que significó la batalla por la soberanía de Angola en la lucha contra el colonialismo —ese cáncer social sobre el que se levantó la opulencia de lo que hoy pasa como mundo civilizado— no paró hasta llegar al Cabo de Buena Esperanza, destruyendo toda una mitología levantada en función de sojuzgar.

Creo que pasará algún tiempo antes de que la humanidad comprenda el altruismo de Cuba en Angola. En el mundo individualista que se nos impone, lo que alguien ha denominado 'escepticismo socarrón' corroe e inmoviliza la conciencia colectiva forjada en las masas, como medio de dominio, por quienes sobre ellas levantan sus fortunas.

Pero la historia ya está hecha, al menos hasta hoy, y la epopeya de nuestro pueblo en África es parte de ella. Y lo será también cuando todos los pueblos unidos en uno solo hayamos hundido al imperio burgués, borrando, finalmente, el hambre del rostro del último niño que la haya sufrido.

19 DE ENERO DE 2009

Acciones de apoyo en Asia-Pacífico

Arriba: Protesta por libertad de los Cinco Cubanos frente a embajada de Estados Unidos en Colombo, Sri Lanka, 26 de julio de 2011.

Abajo: Manifestación frente a embajada norteamericana en Seúl, Corea del Sur, 12 de septiembre de 2008.

VOCES DE APOYO EN LA REGIÓN

AUSTRALIA: Sindicato de la Construcción, Silvicultura, Minería y Energía; Sindicato Marítimo de Australia • **INDIA:** V.R. Krishna Iyer, presidente, Asociación de Abogados de India; Federación Estudiantil de Toda India • **JAPÓN:** Asociación de Abogados Democráticos de Japón; Asociación de Solidaridad Internacional de Abogados de Japón • **LAOS:** Vicepresidente Bounnhang Vorachit; Chaleune Yiapahoeu, ministro de justicia • **MONGOLIA:** Khamba Lama Choijiljav Dambajav, vicepresidente, Fraternidad Mundial de Budistas • **NUEVA ZELANDA:** Peter Conway, secretario, Consejo de Sindicatos de Nueva Zelanda • **FILIPINAS:** Movimiento Sindical Primero de Mayo; Unión Nacional de Abogados Populares • **SRI LANKA:** Upali Tissa Vitarana, ministro de ciencia y tecnología; Dinesh Gunawardena, ministro de suministro de agua y drenaje • **VIETNAM:** Huynh Ngoc Son y Nguyen Thi Kim Ngan, vicepresidentes, Asamblea Nacional

Arriba: Tras escalar el Monte Ramelau, el pico más alto de Timor Leste, en apoyo a los Cinco Cubanos, junio de 2012. Entre los alpinistas había estudiantes de medicina timorenses que estudiaron en Cuba y médicos cubanos que prestan servicio en Timor Leste.

Izquierda: Marcha por la libertad de los Cinco en Perth, Australia, 12 de septiembre de 2011, el 13 aniversario de su arresto.

Entre las voces de apoyo

Más de 350 comités en 114 países, cientos de organizaciones políticas y miles de individuos alrededor del mundo están trabajando a favor de la libertad de los Cinco Cubanos. A continuación aparecen algunas de las conocidas organizaciones, instituciones e individuos que se han pronunciado en contra de su encarcelamiento.

ESTADOS UNIDOS

Organizaciones jurídicas

Asociación de Abogados de Defensa Criminal de Florida
Asociación Nacional de Abogados de Defensa Criminal
Conferencia Nacional de Abogados Negros
Facultad de Derecho de la Universidad Howard, Clínica de Derechos Civiles
Gremio Nacional de Abogados
Proyecto Nacional sobre Jurados

Sindicatos y sindicalistas

Consejo del Trabajo de San Francisco
Federación Americana de Empleados Estatales, de Condados y Municipales, Local 372 (Nueva York)
Federación Americana de Maestros, Local 2121 (San Francisco)
Sindicato Internacional de Empleados de Servicios (SEIU), Trabajadores Unidos de Servicios, Oeste
Sindicato Internacional de Estibadores y Trabajadores de Almacenes (ILWU), Local 10 (San Francisco)
Dolores Huerta, vicepresidenta fundadora, Unión de Campesinos (UFW)

Organizaciones y funcionarios religiosos

Consejo Nacional de Iglesias
Fundación Interreligiosa para la Organización Comunitaria (IFCO)
Thomas Gumbleton, ex obispo, Detroit
Reverendo Earl Kooperkamp, rector, Iglesia Episcopal St. Mary's (Nueva York)

Organismos y funcionarios de gobierno

Consejo Municipal, Berkeley, California
Consejo Municipal, Detroit, Michigan
Consejo Municipal, Richmond, California
Consejo Municipal, San Pablo, California
Ramsey Clark, ex fiscal general de Estados Unidos
Cynthia McKinney, ex congresista de Estados Unidos
Kurt Schmoke, decano de Facultad de Derecho, Universidad Howard; ex alcalde de Baltimore
Wayne Smith, ex jefe de Sección de Intereses de Estados Unidos en La Habana
Esteban Torres, ex congresista de Estados Unidos
Coronel Lawrence Wilkerson (R), ex jefe de despacho del secretario de estado Colin Powell

Organizaciones

Alianza Martiana (Miami)
Asociación Política México Americana (MAPA)
Congreso Latino Nacional
Consejo sobre Asuntos Hemisféricos (COHA)

Artistas y escritores

Edward Asner, actor
Harry Belafonte, actor
Mike Farrell, actor
Danny Glover, actor
Saul Landau, cineasta
Graham Nash, músico
Bonnie Raitt, músico
Susan Sarandon, actriz
Martin Sheen, actor
Oliver Stone, director
Gore Vidal, escritor
Alice Walker, escritora

PARA MÁS INFORMACIÓN:

www.thecuban5.org
Comité Internacional por la Liberación de los Cinco Cubanos

www.freethefive.org
Comité Nacional por la Libertad de los Cinco Cubanos

www.granma.cubaweb.cu/miami5/index.html
Diario *Granma*

www.antiterroristas.com

ALREDEDOR DEL MUNDO

Organizaciones

Asociación Americana de Juristas
Asociación Internacional de Abogados Democráticos
Asociación Nacional de Abogados Democráticos de Sudáfrica
Colegio de Abogados de Puerto Rico
Colegio Nacional de Abogados de Panamá
Federación Canadiense de Estudiantes
Federación de Estudiantes de la Universidad de Chile
Federación Iberoamericana del Ombudsman
Federación Internacional de Derechos Humanos
Federación Latinoamericana de Periodistas
Federación Mundial de Juventudes Democráticas
Madres de la Plaza de Mayo en Argentina
Orden de Abogados de Brasil

Sindicatos y sindicalistas

Asociación de Trabajadores del Estado (Argentina)
Central Obrera Boliviana
Congreso de Sindicatos (Reino Unido)
Congreso de Sindicatos Sudafricanos (COSATU)
Federación Nacional de Asociaciones y Organizaciones de Empleados Públicos (Panamá)
Federación Nacional de Maestros (Noruega, Región de Vesterålen)
Federación Sindical Mundial
Plenario Intersindical de Trabajadores–Convención Nacional de Trabajadores (Uruguay)
Sindicato Canadiense de Empleados Públicos (CUPE)
Sindicato Canadiense de Trabajadores Postales (CUPW)
Sindicato de Obreros de Yacimientos Petroleros (Trinidad y Tobago)
Unite (Reino Unido)
Sindicato Unido de Obreros del Acero (USW, Canadá)
Sindicato Unido de Obreros del Comercio y de Alimentos (UFCW, Canadá)
Ken Georgetti, presidente, Congreso Canadiense del Trabajo (CLC)

Parlamentos

Argentina, Cámara de Diputados
Bolivia, Senado y Cámara de Diputados
Brasil, Cámara de Diputados
Mali, Asamblea Nacional
México, Senado y Cámara de Diputados
Namibia, Asamblea Nacional
Nicaragua, Asamblea Nacional
Paraguay, Cámara de Diputados
Perú, Congreso
República Dominicana, Senado y Cámara de Diputados
Rusia, Duma Estatal
Venezuela, Asamblea Nacional
Parlamento Latinoamericano
Parlamento del Mercosur

Funcionarios y grupos parlamentarios

Alemania, Bundestag (65 miembros)
Bélgica, Parlamento de Flandes (35 miembros)
Canadá, Parlamento (56 miembros)

Piquete en Vancouver, Canadá, reclama libertad de los Cinco Cubanos, octubre de 2007.

Chile, Senado (Comisión de Derechos Humanos)
Irlanda, Parlamento (55 miembros)
Italia, Senado (39 miembros)
Panamá, Asamblea Nacional (presidente y vicepresidente)
Reino Unido, Parlamento (112 miembros)
Sudáfrica, Asamblea Nacional (presidente)
Suiza, Asamblea Federal (48 miembros)
Turquía, Gran Asamblea Nacional (Grupo Parlamentario de Amistad con Cuba)
Parlamento Europeo (75 miembros)
Unión Interparlamentaria (50 miembros)
Miguel D'Escoto, ex presidente, Asamblea General de Naciones Unidas

Grupos y funcionarios religiosos

Cámara de Obispos Anglicanos del Ecuador
Comité Ecuménico de Panamá
Consejo Latinoamericano de Iglesias
Consejo Sudafricano de Iglesias
Padre Geoffrey Bottoms (Reino Unido)
Padre Ernesto Cardenal (Nicaragua)
Khamba Lama Choijiljav Dambajav, vicepresidente, Fraternidad Mundial de Budistas

Premios Nobel

Zhores Alferov (Rusia)
Máiread Corrigan Maguire (Irlanda)
Darío Fo (Italia)
Nadine Gordimer (Sudáfrica)
Günter Grass (Alemania)
Rigoberta Menchú (Guatemala)
Adolfo Pérez Esquivel (Argentina)
Harold Pinter (Reino Unido)
José Ramos-Horta (Timor Leste)
José Saramago (Portugal)
Wole Soyinka (Nigeria)
Arzobispo Desmond Tutu (Sudáfrica)

de Pathfinder

MALCOLM X, LA LIBERACIÓN DE LOS NEGROS Y EL CAMINO AL PODER OBRERO

Jack Barnes

"No empecemos con los negros como nacionalidad oprimida. Empecemos con el papel de vanguardia de los trabajadores que son negros en las amplias luchas sociales y políticas de la clase trabajadora en Estados Unidos. El historial es asombroso. Es la fuerza y capacidad de resistencia, no la opresión, lo que nos deja pasmados".

—Jack Barnes

Este libro, al sacar lecciones de un siglo y medio de luchas, nos ayuda a comprender por qué la conquista revolucionaria del poder por la clase trabajadora hará posible la batalla final por la libertad de los negros, y abrirá paso a un mundo basado, no en la explotación, la violencia y el racismo, sino en la solidaridad humana. Un mundo socialista. US$20. También en inglés y francés.

CUBA Y LA REVOLUCIÓN NORTEAMERICANA QUE VIENE

Jack Barnes

La Revolución Cubana de 1959 tuvo un impacto a nivel mundial, incluso entre los trabajadores y los jóvenes en el corazón del imperialismo. A medida que en Estados Unidos avanzaba la lucha de masas por los derechos de los negros, la transformación social por la cual combatieron y que ganaron las masas trabajadoras cubanas brindó un ejemplo: de que la revolución socialista no solo es necesaria, se puede hacer y defender. Con prólogo de Mary-Alice Waters. US$10. También en inglés y francés.

REBELIÓN TEAMSTER

Farrell Dobbs

Sobre las huelgas de 1934 que forjaron al movimiento sindical industrial en Minneapolis y ayudaron a allanar el camino para el ascenso del Congreso de Organizaciones Industriales (CIO). Relatado por un dirigente central de esas batallas. El primero de una serie de cuatro tomos sobre el liderazgo de lucha de clases de las huelgas y las campañas de sindicalización que transformaron al sindicato Teamsters en gran parte del Medio Oeste norteamericano en un movimiento social combativo y que señalaron el camino hacia la acción política independiente del movimiento obrero. US$19. También en inglés, francés y sueco.

¿ES POSIBLE UNA REVOLUCIÓN SOCIALISTA EN ESTADOS UNIDOS?

Un debate necesario

Mary-Alice Waters

En dos charlas, parte de un amplio debate en la Feria Internacional del Libro de Venezuela, Waters explica por qué una revolución socialista es posible en Estados Unidos. Explica por qué las luchas revolucionarias del pueblo trabajador son inevitables: los ataques de la clase patronal, impulsados por la crisis, nos impondrán esas luchas. Al ir creciendo la solidaridad entre una vanguardia combativa del pueblo trabajador, se divisan ya los contornos de batallas de clases por venir. US$7. También en inglés, francés y sueco.

Libros sobre los Cinco Cubanos

Estados Unidos vs. Cinco Héroes: Un juicio silenciado

Rodolfo Dávalos Fernández

Editorial Capitán San Luis

El jurista cubano Rodolfo Dávalos Fernández examina el proceso judicial seguido contra los cinco por el gobierno de Estados Unidos a la luz de los procedimientos y tradiciones del derecho estadounidense e internacional. "Desde el principio hasta el final", dice, "este ha sido un proceso viciado de nulidad, amañado, vengativo, en el cual se han cometido tantas violaciones como derechos mismos existen, garantizados para todo acusado por 'el debido proceso legal' ". US$22. También en inglés.

Desde la soledad y la esperanza

Antonio, Fernando, Ramón, René, Gerardo

Editorial Capitán San Luis

Una colección de poemas, ensayos, pinturas y música de destacados artistas cubanos en honor a los Cinco Cubanos. Editado por el escritor cubano Eduardo Heras León, el libro incluye declaraciones de los cinco al ser sentenciados. US$25. También en inglés.

Cuba, la historia no contada

Editorial Capitán San Luis

Un relato, plenamente ilustrado y documentado, de más de cuatro décadas de ataques violentos contra la Revolución Cubana por el gobierno de Estados Unidos bajo diez presidentes diferentes. Defiende y exige la libertad de los cinco revolucionarios cubanos. US$32. También en inglés.

"Los disidentes"

Luis Báez, Rosa Miriam Elizalde

Editora Política

En abril de 2003, 75 autoproclamados "disidentes" cubanos fueron condenados a largas penas de prisión por obrar como agentes a sueldo de Washington para socavar el gobierno revolucionario de Cuba. Este libro describe quiénes son los "disidentes" y cómo fueron organizados, financiados y dirigidos. Elaborado a partir del testimonio de revolucionarios cubanos que se infiltraron en sus filas. US$24. También en inglés.

¡Qué lejos hemos llegado los esclavos!

Sudáfrica y Cuba en el mundo de hoy

Nelson Mandela, Fidel Castro

Editorial Pathfinder

Al hablar juntos en Cuba en 1991, Mandela y Castro abordan la victoria de Angola y Cuba contra el ejército invasor sudafricano apoyado por Washington, la cual aceleró el triunfo de la lucha para tumbar al régimen racista del apartheid. Tres de los Cinco Cubanos —Gerardo Hernández, Fernando González y René González— fueron combatientes voluntarios en esa misión internacionalista. US$10. También en inglés.

www.pathfinderpress.com

Nueva Internacional

UNA REVISTA DE POLÍTICA Y TEORÍA MARXISTAS

EL LEGADO ANTIOBRERO DE LOS CLINTON: RAÍCES DE LA CRISIS FINANCIERA MUNDIAL DE 2008

JACK BARNES

Cómo la administración Clinton y anteriores administraciones republicanas y demócratas aumentaron sus ataques al pueblo trabajador al tiempo que ayudaron a crear las masivas deudas hipotecarias, domésticas, corporativas y estatales que son producto de la actual crisis mundial de la producción capitalista, con sus consecuencias desastrosas para los trabajadores y agricultores del mundo. En el no. 8. US$14.

LA DEFENSA DE CUBA, LA DEFENSA DE LA REVOLUCIÓN SOCIALISTA CUBANA

MARY-ALICE WATERS

En los años 90, ante las mayores dificultades económicas en la historia de la Revolución Cubana, los trabajadores y campesinos defendieron su poder político, su independencia y soberanía y el curso histórico que emprendieron en 1959. Waters aborda los debates en Cuba sobre el trabajo voluntario, impuestos a los salarios, cooperativas agrícolas y mucho más. En el no. 4. US$17.

HA COMENZADO EL INVIERNO LARGO Y CALIENTE DEL CAPITALISMO

Nueva Internacional no. 6. US$16.

Muchos de estos artículos se pueden encontrar en las publicaciones hermanas de Nueva Internacional *en inglés, francés y sueco.*

Continuidad revolucionaria

Liderazgo marxista en Estados Unidos

FARRELL DOBBS

Cómo generaciones sucesivas de luchadores proletarios participaron en las luchas del movimiento obrero estadounidense para forjar una dirección que pudiera impulsar los intereses de clase de los trabajadores y pequeños agricultores a nivel mundial. Dos tomos en inglés:

Los primeros años, 1848–1917. US$20

El nacimiento del movimiento comunista, 1918–1922. US$19

El desorden mundial del capitalismo

Política obrera al milenio

JACK BARNES

La devastación social y los pánicos financieros, el carácter más tosco de la política, la brutalidad policiaca y los actos de agresión imperialista: son todos producto, no de un mal funcionamiento del capitalismo, sino de su funcionamiento normal y reglamentado. Sin embargo, se puede cambiar el futuro con la lucha unida de trabajadores y agricultores cada vez más conscientes de su capacidad de librar una lucha revolucionaria por el poder estatal y de transformar el mundo. US$25. También en inglés y francés.

Habla Malcolm X

Discursos del último año de la vida de Malcolm X, mediante los cuales el lector puede seguir la evolución de sus perspectivas sobre el racismo, el capitalismo, el socialismo, la acción política, la intervención imperialista en el Congo y Vietnam, por qué dejó de utilizar la descripción "nacionalismo negro" y más. US$19. También en inglés.

CUBA Y ANGOLA: LUCHANDO POR LA LIBERTAD DE ÁFRICA Y LA NUESTRA

FIDEL CASTRO, RAÚL CASTRO, NELSON MANDELA Y OTROS

La aplastante derrota del ejército del régimen del apartheid hace 25 años en Cuito Cuanavale fue, en las palabras de Nelson Mandela, "un hito en la historia de la lucha por la liberación de África austral". Esta historia la narran aquí dirigentes y combatientes de primera línea en la mayor proeza internacionalista de la Revolución Cubana. Incluye relatos de los tres de los Cinco Héroes cubanos que combatieron en Angola. US$12. También en inglés.

LAS MUJERES EN CUBA: HACIENDO UNA REVOLUCIÓN DENTRO DE LA REVOLUCIÓN

De Santiago de Cuba y el Ejército Rebelde a la creación de la Federación de Mujeres Cubanas

VILMA ESPÍN, ASELA DE LOS SANTOS, YOLANDA FERRER

La revolución social que en 1959 derrocó a la sangrienta dictadura de Batista empezó en las calles de ciudades como Santiago de Cuba y en las zonas montañosas liberadas por el Ejército Rebelde en Cuba oriental. La incorporación inaudita de mujeres a las filas y a la dirección de esta lucha fue una verdadera medida de la trayectoria que la revolución ha seguido hasta el día de hoy. Aquí, en relatos testimoniales de mujeres que contribuyeron a hacerla, está la historia de esa revolución, y de la "revolución dentro la revolución". Introducción de Mary-Alice Waters. US$20. También en inglés.

SOLDADO DE LA REVOLUCIÓN CUBANA

De los cañaverales de Oriente a general de las Fuerzas Armadas Revolucionarias

LUIS ALFONSO ZAYAS

El autor narra sus experiencias en cinco décadas de revolución: desde sus años como combatiente adolescente en la lucha clandestina y la guerra en 1956–58 que tumbó a la dictadura apoyada por Washington, hasta las tres misiones en que fue un dirigente de las fuerzas voluntarias cubanas que ayudaron a Angola a derrotar una invasión del ejército de la Sudáfrica supremacista blanca, Zayas relata cómo hombres y mujeres comunes y corrientes en Cuba transformaron el curso de la historia y así se transformaron ellos mismos. US$18. También en inglés.

NUESTRA HISTORIA AÚN SE ESTÁ ESCRIBIENDO

La historia de tres generales cubano-chinos en la Revolución Cubana

Armando Choy, Gustavo Chui y Moisés Sío Wong hablan sobre el papel histórico de la inmigración china a Cuba, y sobre más de cinco décadas de acción revolucionaria e internacionalista, desde Cuba hasta Angola y hoy Venezuela. A través de sus historias vemos cómo millones de hombres y mujeres abrieron la puerta a la revolución socialista en América. US$20. También en inglés y chino.

LA PRIMERA Y SEGUNDA DECLARACIÓN DE LA HABANA

En ninguna parte se abordan con mayor franqueza y claridad los problemas de estrategia revolucionaria que hoy día afrontan los hombres y mujeres en las primeras filas de luchas en América que en estos dos documentos, aprobados en asambleas de un millón de cubanos en 1960 y 1962. Estas intransigentes condenas del saqueo imperialista y de "la explotación del hombre por el hombre" siguen vigentes como manifiestos de lucha revolucionaria del pueblo trabajador en todo el mundo. US$10. También en inglés, francés y árabe.

MARIANAS EN COMBATE

Teté Puebla y el Pelotón Femenino Mariana Grajales en la guerra revolucionaria cubana, 1956–58

TETÉ PUEBLA

La general de brigada Teté Puebla se integró en 1956, a los 15 años, a la lucha para derrocar a la dictadura de Fulgencio Batista respaldada por Washington. Esta es su historia: desde la actividad clandestina en las ciudades, hasta su papel como oficial en el primer pelotón femenino del Ejército Rebelde. La lucha por transformar la condición social y económica de la mujer en Cuba es inseparable de la revolución socialista en Cuba. US$14. También en inglés.

LA LUCHA POR LA EMANCIPACIÓN DE LA MUJER

Los cosméticos, la moda y la explotación de la mujer

Joseph Hansen, Evelyn Reed, Mary-Alice Waters

Cómo los capitalistas se valen de la condición de segunda clase y de las inseguridades sociales de la mujer para comercializar los cosméticos y acumular ganancias. En la introducción, Mary-Alice Waters explica cómo el ingreso de millones de mujeres a la fuerza laboral durante y después de la Segunda Guerra Mundial cambió de forma irreversible la sociedad norteamericana y sentó las bases para un ascenso renovado de las luchas por la emancipación de la mujer. En inglés. US$15

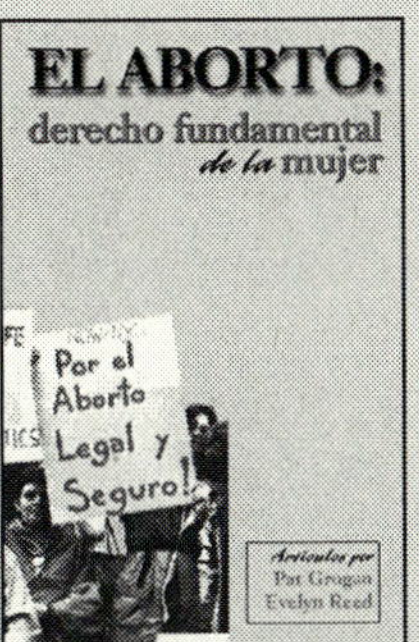

El aborto: Derecho fundamental de la mujer

Pat Grogan y otros

Por qué el derecho al aborto tiene una importancia central no solo para la lucha por la emancipación plena de la mujer sino para forjar un movimiento obrero unido y combativo. US$6. También en inglés.

Problemas de la liberación de la mujer

Evelyn Reed

En seis artículos se exploran las raíces económicas y sociales de la opresión de la mujer desde la sociedad prehistórica hasta el capitalismo moderno, y se señala el camino hacia la emancipación. En inglés. US$15

La emancipación de la mujer y la lucha africana por la libertad

Thomas Sankara

"No existe una verdadera revolución social sin la liberación de la mujer", explica Sankara, dirigente central de la revolución de Burkina Faso en 1983–87. US$8. También en inglés y francés.

Nueva Internacional

UNA REVISTA DE POLÍTICA Y TEORÍA MARXISTAS

No. 3

El ascenso y el ocaso de la revolución nicaragüense •El triunfo de la revolución nicaragüense •La guerra contrarrevolucionaria de Washington y la tarea de forjar una dirección proletaria •La degeneración política del FSLN y el fin del gobierno obrero y campesino Documentos del Partido Socialista de los Trabajadores US$16

No. 7

•Nuestra política empieza con el mundo por Jack Barnes **•La agricultura, la ciencia y las clases trabajadoras** por Steve Clark **•El capitalismo, el trabajo y la transformación de la naturaleza: un intercambio** por Richard Levins, Steve Clark US$14

No. 2

•La política de la economía: Che Guevara y la continuidad marxista por Steve Clark y Jack Barnes **•Sobre la contribución del Che al desarrollo de la economía cubana** por Carlos Rafael Rodríguez **•Sobre la concepción del valor y La planificación socialista, su significado,** dos artículos por Ernesto Che Guevara US$14

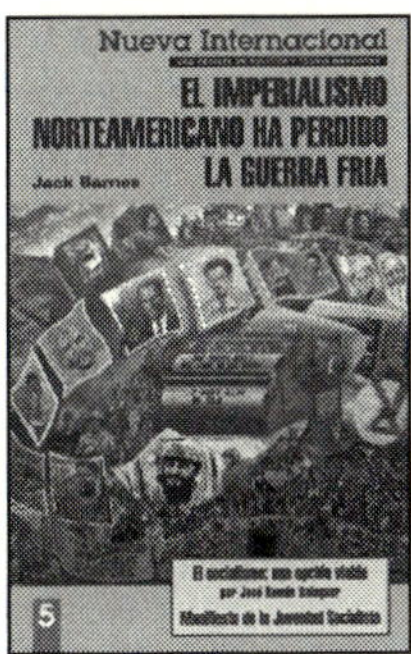

No. 5

•El imperialismo norteamericano ha perdido la Guerra Fría por Jack Barnes **•La estrategia comunista para la construcción del partido hoy** por Mary-Alice Waters **•El socialismo: una opción viable** por José Ramón Balaguer **•Manifiesto de la Juventud Socialista •Nuestra época es la de la revolución mundial** por Jack Barnes, Mary-Alice Waters US$15

PATHFINDER EN EL MUNDO

Visite nuestro sitio web para una lista completa de títulos y hacer pedidos

www.pathfinderpress.com

DISTRIBUIDORES DE PATHFINDER

ESTADOS UNIDOS
(y América Latina, el Caribe y el este de Asia)
Libros Pathfinder, 306 W. 37th St., 10º piso, Nueva York, NY 10018

CANADÁ
Libros Pathfinder, 7107 St. Denis, suite 204, Montreal, QC, H2S 2S5

REINO UNIDO
(y Europa, África, Oriente Medio y el sur de Asia)
Libros Pathfinder, primer piso, 120 Bethnal Green Road (entrada en Brick Lane), Londres E2 6DG

AUSTRALIA
(y el sureste de Asia y Oceanía)
Pathfinder, 1er nivel, 3/281-287 Beamish St., Campsie, NSW 2194
Dirección Postal: P.O. Box 164, Campsie, NSW 2194

NUEVA ZELANDA
Pathfinder, 4/125 Grafton Road, Grafton, Auckland
Dirección Postal: P.O. Box 3025, Auckland 1140